내게 남은 삶이 한 시간뿐이라면

내게 남은 삶이
한 시간뿐이라면

프랑스 노철학자가 전하는
삶의 가치와 본질에 대한 철학적 질문들

Si je n'avais plus qu'une heure à vivre

로제폴 드루아 지음 | 최린 옮김

센시오

Contents

○

내게 남은 삶이 한 시간뿐이라면

○

○

오늘 나에게
죽음이
찾아온다면

문득 떠오른 생각이었습니다.

피할 수도 없었고, 다른 선택을 할 수도 없었습니다.

깊이 고민하고 심사숙고해서 생각해낸 것이 아니었습니다.

불현듯 떠오른 생각은 점점 더 분명해지고

마치 운명처럼 강력하게 나의 머릿속에 자리 잡았습니다.

어떻게 그렇게 되었는지, 왜 그렇게 되었는지,

그래서 어디로 향하게 될지,

앞으로 어떻게 해야 할지 전혀 알 수 없었습니다.

미리 계획하고 준비한 것이 아니었습니다.

전에는 한 번도 생각해보지 않은 것이었습니다.

하지만 이 생각은 갑자기 내 인생에 불쑥 끼어들었고,

놀랍게도 나의 의지와 상관없이

완전히 나를 사로잡아버렸습니다.

긴 시간은 아니지만 나는 애써 아무것도 보지 못한 것처럼

살아가려 했습니다.

다른 곳을 바라보고, 다른 일에 몰두했습니다.

하지만 아무 소용이 없었습니다.

이 생각은 기어이 내 머릿속을 비집고 들어왔습니다.

거침없이 몰아치며 나를 마음대로 쥐고 흔드는 이 생각을

나는 피할 수도 없고 이해할 수도 없었습니다.

무엇보다 도대체 나에게 무엇을 요구하는 건지

이해할 수 없었습니다.

이렇게 갑작스럽게 의식의 표면으로 떠오르기까지,

어쩌면 이 생각은 내 마음 깊은 곳에서

오랜 시간에 걸쳐 다듬어진 것인지도 모르겠습니다.

그러나 분명한 사실은 이전에는 한 번도

이런 생각을 해본 적이 없다는 것입니다.

그럼에도 불구하고 나는 이 생각에 대해

잘 알고 있는 것 같았습니다.

마치 오래전에 생각했던 것을 새롭게 발견하고,

오래전에 결정했던 것을 비로소 알아본 것 같았습니다.

어느덧 나는 죽음이라는

소멸의 영역에 익숙해져버렸습니다.

날이 선 유한성에 대한 감각을 알아본 것 같았습니다.

감당할 수 없을 만큼 슬프지는 않았습니다.

마치 슬픈 척하지 말라고 요구하는 것처럼

예리하고, 신랄하고, 날카로웠습니다.

* * * * * * *

지금 이 순간 나는 아주 가까이 다가와 있는

죽음을 상상하고 그 결과를 생각해봅니다.

나만이 유일하게 이런 생각을 하는 건 아닐 겁니다.

하지만 나는 이 모험을 감수하고 싶습니다.

내 삶에 남아 있는 시간이 단 한 시간밖에 없다면,

오직 딱 한 시간만이 나에게 남겨진 시간의 전부라면,

나는 무엇을 해야 할까요?

어떤 일을 할까요?

무엇을 생각하고, 느끼고, 원해야 할까요?

어떤 흔적을 남겨야 할까요?

삶의 마지막 시간에 대한 이 질문이 문득 떠올랐습니다.

아주 오래되었지만 완전히 새로운 질문,

태곳적부터 제기되었던 이 질문이

오늘 아침에 갑자기 모습을 드러냈습니다.

한번 상상해봅시다. 3,600초 후 나는 죽음을 맞게 됩니다.

1초도 더 주어지지 않습니다.

짧은 딸꾹질이 나오고, 긴 한숨이 나옵니다.

경련이 일어나고, 온몸의 근육이 위축됩니다.

그 밖에 약간의 신체적 징후가 있지만,

더 이상 아무 반응도 없습니다.

곧 이어 심장이 멈추고, 호흡이 멎고,

심전도 기계가 '삐' 소리를 내며 일직선을 그립니다.

우주가, 극한이 주는 부드러움이, 아이들의 웃음소리가,

오후의 티타임이, 포도주의 향연이, 증오에 대한 증오가,

그 뒤에로 이어지는 모든 것들이 나에게는 마지막입니다.

삶이 끝났고, 나는 신비로움에 인사를 합니다.

이런 멈춤에 대한 신비로움,

멈춤, 그 너머에 있는 신비로움,

멈춤, 그 전에 해야만 하는 것에 대한 신비로움,

그 순간 모든 것이 더 강렬하고 긴급하게

나에게 다가옵니다.

모든 것이 더 농밀해집니다.

환상과 눈속임으로부터 멀어져야 합니다.

불필요한 것을 모두 걷어내고,

본질로, 직접 본질로 가야 합니다.

그런데 본질은 어디에 있을까요?

본질에 대해 나는 무엇을 알고 있을까요?

본질이 무엇인지 누가 알 수 있을까요?

불필요한 껍데기가 본질인 것처럼 가장합니다.

그렇지만 지체할 시간이 없습니다.

이미 카운트다운은 시작되었습니다.

물론 이 질문은 하나의 가정이고,

그저 내가 머릿속으로 구상한 것에 불과합니다.

하지만 나는 하나의 가설을 세우고

그것을 현실이라고 여길 것입니다.

물론 현실에서는 정확히 한 시간 후에

내가 이 세상에서 사라지는 일은 일어나지 않을 겁니다.

그러려면 사형선고를 받은 소크라테스처럼 독약을 마시고

다리가 마비되며, 독약이 곧 아랫배에

그리고 심장에 전해지는 걸 느껴야 합니다.

또는 마지막 사면 신청이 거부된 채

사형실 복도에 앉아 있어야 합니다.
이것은 일반적인 상황에서 일어날 수 없는 일입니다.

* * * * * * *

아주 평범한 일상 속에서
우리는 자신에게 죽음이 찾아오는 그날이 언제일지,
몇 시일지 분명하게 알 수 없습니다.
우리는 실제로 이유도 알지 못한 채
불시에 예상치 못한 죽음을 맞습니다.
때로는 아무것도 결정하지 못한 채 갑자기
또는 우연히 죽음을 맞이합니다.
그 원인이 사고일 수도, 심장마비일 수도,
뇌졸중일 수도 있습니다.

생명의 실이 예고도 없이 순간적으로 툭 끊어집니다.
어쩌면 오랫동안 병을 앓으며 조금씩 희망을 잃고
점차 쇠약해지다가 자신도 모르게
한 번에 죽음의 순간과 마주할지도 모릅니다.
그건 결코 내가 원하는 죽음이 아닙니다.

그렇게 죽음을 맞는 걸 나는 견딜 수 없을 겁니다.

나는 급하게라도 내 삶을 정리하고 싶습니다.

비록 뒤죽박죽일지라도, 문장을 말끔하게 다듬지도 못하고

문법에 맞게 고치지도 못한 글로라도

내 삶을 정리하고 싶습니다.

그리고 내가 그 글을 보고 싶습니다.

내가 인생에서 배웠던 것을,

어쩌면 다른 사람들에게 도움이 될 수도 있는 것들을

걸러내어 정리하고 싶습니다.

아즈나부르[1]가 노래한 것처럼

정확히 한 시간 후에 죽는다고 상상해봅니다.

실제로 이것은 생각의 유희이자,

내가 만들어낸 상상 속의 상황입니다.

하지만 동시에 이것은 생각을 위한 장치이자

생각을 위한 무대입니다.

○

진지한
생각의 유희에
빠져봅시다

생각의 유희는 하나의 표현일 뿐입니다.

심각한 문제도, 진지한 문제도 아니라는 듯

"그냥 한번 생각해보는 것뿐이야"라고

말할지도 모르겠습니다.

하지만 그건 완전히 잘못된 생각입니다.

생각의 유희나 놀이보다 더 진지한 건 없습니다.

몽테뉴는 이 사실을 알고 말했습니다.

"어린아이들의 놀이나 장난은 놀이나 장난이 아니다.

따라서 놀이나 장난을

아이들의 가장 진지한 행동으로 여겨야 한다."

그가 잘못한 점이 있다면

이 사실을 어린아이들에게만 적용했다는 것입니다.

인간이 하는 모든 일은 놀이,

즉 유희의 구조를 갖고 있습니다.

"해적이 된 것 같아요"라고 생각할 수도 있습니다.

탐험가나 카우보이, 인디언, 승려, 순례자, 행정관,

철학자, 헌병, 대통령, 연구자, 나바르 왕, 어릿광대,

건축가, 약사, 제빵사, 음악가, 광대, 의사가 되었다고

생각할 수도 있습니다.

무엇이라도 상관없습니다.

제아무리 진지한 삶도 이런 상상력이 없고,

상징과 표상을 만들어내지 않는다면

그것은 인간의 활동이라고 할 수 없습니다.

모든 명상과 행동, 계획은

자신이 무엇이 된 것 같다는 생각에서 시작됩니다.

하지만 중요한 것은 이론적인 놀이에 그쳐서는

안 된다는 것입니다.

이와 비슷한 경우를 어디에서나 볼 수 있습니다.

자신을 대장장이나 변호사, 정비공장 사장, 농부,

장군, 가수라고 생각해도 좋습니다.

이렇게 우리는 생각을 거듭하며 생각을 통해

플라톤이 말한 정의의 도시를 찾습니다.

그리고 미덕, 진실, 아름다움, 사랑의 발자취를 따라,

언어의 본질, 권력의 근원, 시간의 의미,

공간의 본질을 찾아 떠납니다.

플라톤은 이것을 "진지하게 노는 것"이라고 불렀습니다.

그리스의 역사가 크세노폰은 철학에 자격에 대해

소크라테스에게 이야기했지만,

그것은 여전히 놀이이며 유희입니다.

* * * * * * *

이제 나의 마지막 시간이 다가온 것 같습니다.

시한은 한 시간으로 정해져 있습니다.

결국 세상의 모든 것은 나에게 쓸모가 없게 될 것입니다.

타협할 수도 없고, 벗어날 수도 없습니다.

이 놀이는 누구나 할 수 있지만,

각각의 게임은 오직 한 사람과만 관련이 있습니다.

죽음을 맞게 되는 바로 그 사람만이

이 게임의 당사자가 됩니다.

이번 게임의 당사자는 바로 나입니다.

이 게임은 마치 짧은 시간 동안

같은 공간을 탐험하는 것과 같습니다.

아주 중요하고 의미심장한 이 경험에서

거짓으로 그런 척하거나, 왜곡하거나,

가면을 쓰는 건 실질적으로 불가능합니다.

그 결과가 충격적이고 불쾌하고

실망스럽고 혐오스러울 수도 있습니다.

마치 강제로 발가벗겨진 것처럼 느낄 수도 있습니다.

그렇지만 결코 건전하지 못한 생각은 아닙니다.

만약 나에게 주어진 삶이 단 한 시간밖에 없다면,

그렇게 가까이 다가온 죽음 그 자체가

나의 주된 관심사는 아닐 겁니다.

무엇보다 중요한 것은

내 앞에 놓인 상황이 변했음을 이해하는 것입니다.

한 시간밖에 남지 않은 인생은

이제 더 이상 이전과 같을 수 없습니다.

○

행복한 무지함과
무력한 앎

나에게는 과거가 있고, 현재가 있습니다

그러나 더 이상 미래는 없습니다.

이제 나는 계획하던 모든 것과 수많은 걱정거리,

근심, 속박에서 벗어날 수 있습니다.

한 시간 남은 인생에서 건강은

더 이상 걱정거리가 되지 않습니다.

운동을 하거나 식단 조절을 하는 것도 의미가 없습니다.

체중이나 혈압 같은 이런저런 수치를 지켜보고,

무엇이 부족한지 조심하는 것은

우스꽝스러울 뿐입니다.

나는 지금의 상태 그대로 마지막을 맞게 될 겁니다.

살이 찌거나 빠질 시간도, 병이 낫거나 병들 시간도 없이,

돈을 더 벌어 부자가 되거나 더 가난해질 시간조차 없이.

지금 내가 처해 있는 상황이나 사회적 지위,

다른 처지가 바뀔 시간도 없습니다.

게임은 시작되었습니다.

모든 것에 대해 나에게 주어진 가능성은 한정되어 있고,

그마저도 시시각각 줄어들고 있습니다.

이것은 매우 낯선 일입니다.

다른 가능성이 거의 없는 하찮은 아주 작은 미래,

유한하고 명확하게 한정된 미래만이 남아 있다는 게

낯설고 어색하게 느껴집니다.

전망은 언제나 흐릿하고 모호하며 확실하지 않습니다.

분명한 것은 우리에게 남아 있는 시간이

줄어들고 있다는 것입니다.

우리는 이것을 잘 알고 있습니다.

해가 갈수록 우리에게 주어진 미래가 줄어들고,

우리의 젊음이 사라진다는 것도

충분히 이해하고 있습니다.

* * * * * * *

하지만 언제나 몰라서 행복한 것이 있습니다.

행복한 무지함은 오히려 많은 것을 가져다줍니다.

행복한 무지함은 오히려 우리에게 많은 것을 가져다줍니다.

그것은 우리가 계속 희망을 품고,

끈질기게 계획을 세우고, 미래에 대해 말하고,

가능성을 타진하고, 기회를 계산하고, 우연을 꿈꾸게 합니다.

그것은 우리가 계속 희망을 품고, 끈질기게 계획을 세우고,

미래에 대해 이야기하고, 새로운 가능성을 타진하고,

기회를 계산하고, 우연을 꿈꾸게 합니다.

하지만 이제 이 모든 것이 종말을 선언합니다.

나는 지금 벽에 걸린 선물,

고작 작은 주머니 안에 들어갈 수 있을 정도로 작아지고

보잘것없이 초라한 미래에 집착하고 있습니다.

얼마 남지 않은 미래에 불과한데도 말입니다.

그러나 레몽 드보[2]가 말했듯이,

얼마 남지 않은 것으로도 우리는 무언가를 살 수 있습니다.

나는 저항하고, 싸우고, 울부짖고, 비명을 지르고 싶습니다.

이 모든 것은 무력함과 낙담의 또 다른 표현일 뿐입니다.

---

2 프랑스 유머학자이자 스탠드업 코미디언

○

분노는
부질없는
감정입니다

결국 나는 나 자신에게 말했습니다.

더 이상 잃을 것이 없다고.

만약 나에게 남은 시간이 단 한 시간뿐이라면,

체면이나 두려움 때문에 지금까지 한 번도 해보지 못했던

것을 과감하게 시도해보지 않을 이유가 있을까요?

환각에 빠지게 만드는 약품이나 특별한 버섯의 힘을 빌어

처음이자 마지막으로 내 안에 있는 것들을

폭발시키지 말아야 할 이유가 있나요?

주어진 한 시간이 채 다 가기도 전에 약물 과다복용으로

죽어도 좋을 겁니다. 그러면 정말 그럴 듯해 보일 겁니다.

아니면 내가 증오하는 인간들이나 몹시 미워하는 사람들

중 몇 명을 죽이는 건 어떨까요?

총과 칼로 그들을 살해하고, 내장과 심장과 뇌를 뽑아내서,

그것들을 그들의 피 속에 담은 다음

그 시체에 침을 뱉는 겁니다.

아, 그럴 수 있다면 얼마나 기쁠까요?

혹은 그저 재미삼아 보석가게를 털고

진열장을 엉망으로 만드는 겁니다.

환락에 취한 채 섹스와 술에 빠져 구토를 하며

자신을 소멸의 길로 이끌 수도 있습니다.

* * * * * * *

그런 것들이 있습니다.

지금이 마지막 순간이고, 내일은 없을 것이며,

이 순간 이외에 다른 시간은 없기에 꼭 해야만 한다고

우리에게 말을 걸어오는 것들 말입니다.

그래서 한 번쯤 일상적으로 지켜오던 가치,

윤리와 도덕, 신중함, 절제, 예의 같은 것들을 저버리고

모든 걸 포기해도 좋다는 생각이 들 수도 있습니다.

마지막 순간, 더 이상 아무것도 남아 있지 않은

최후의 순간에 내기를 해보는 겁니다.

그것은 내 인생의 마지막 내기가 될 겁니다.

가령 나는 지식인의 비천함,

같은 시대를 살아가는 사람들의 초라함,

소위 철학자라는 이들의 게으름,

학자에게 나는 악취와 더러운 작은 비밀을 폭로하며

악랄한 말을 내뱉을 수도 있을 겁니다.

그러나 그 모든 게 무슨 소용이겠습니까.

쓸데없는 짓입니다.

낙담한 채 무기력해지는 것만큼이나 부질없습니다.

좋은 분노라는 건 없습니다.

○

나에게
남아 있는 시간을
직시해야 합니다

다시 새롭게 시작해야 합니다.

나에게 남아 있는 미래를 직시해야 합니다.

비록 나의 미래가 사라져버렸다 해도 원망하거나

분노하기보다는 그 시간을 똑바로 바라보아야 합니다.

나에게 남은 삶이 단 한 시간 밖에 없다면,

한정되어 있는 미래, 제한된 시간의 흐름은

나에게 아무 의미가 없을 겁니다.

준엄하게 정해진 단 한 시간이 나에게 남아 있을 뿐입니다.

우리는 살아가면서 언제나 시간이 있다고 믿습니다.

그래서 죽음 따위는 신경 쓰지 않은 채

스스로를 위로하고, 언젠가를 상상하며 이야기합니다.

내일, 더 나중에, 내년에, 이 일이 끝나면,

어른이 되었을 때, 더 나이가 들었을 때, 혹은 한가할 때,

병이 나았을 때, 마침내 혼자가 되었을 때,

또는 마침내 혼자가 아닐 때, 다음 주에, 10년 후에….

항상 불확실하게 여지를 둔 채 나중을 기약합니다.

그러나 그 순간 지나가는 1초는 나의 인생에서

완전히 사라져버리는 시간입니다. 피할 수 없습니다.

그리하여 결국 우리의 삶은 분명히 끝을 맺을 것입니다.

우리의 인생은 쓰러지고, 사라지고,

지워지고, 폐기처분될 겁니다.

죽고, 사라지고, 모습이 바뀌고, 변형될 것입니다.

이것에 대해 내가 무엇을 알고 있나요?

무엇을 알 수 있을까요? 아무것도 알 수 없습니다.

삶의 종말이라는 것이 무엇인지,

그것이 무엇을 할 것인지 알지 못합니다.

결국 삶의 끝이 올 것이라는 사실 이외에

나는 아무것도 알 수 없습니다.

그것도 한 시간 이내에 나는 삶의 마지막을 맞을 것입니다.

벌써 한 시간 중 일부가 지나버렸습니다.

이것은 새롭고 낯설면서도 견디기 힘든 경험입니다.

하지만 왜 견디기 힘든 걸까요?

이 경험이 새로운 것이긴 할까요?

우리는 살아가면서 언제나 시간이 있다고 믿습니다.

그래서 죽음 따위는 신경 쓰지 않은 채 스스로를 위로하고,

언젠가를 상상하며 이야기합니다.

그러나 지금 이 순간 지나가는 1초는

내 인생에서 완전히 사라져버리는 시간입니다.

피할 수 없습니다.

언젠가 나는 죽음을 맞게 됩니다.

나는 죽음이란 아주 먼 훗날의 일이라고

스스로에게 말하곤 했습니다.

하지만 아주 오랜 후의 일이라고 해서 달라질 것이 있을까요?

한 시간 후라는 확실성과 근접성은

마치 물이 턱밑까지 차오르고,

천장에서 낫이 나를 향해 떨어지는 것 같습니다.

시계추는 끊임없이 움직이고,

에드거 앨런 포의 소설 속 인물처럼 바닥에 묶인 채

내 목을 향해 떨어지는 낫을 바라보고 있는 것 같습니다.

이 사실이 무엇을 바꿀 수 있을까요?

내 삶의 기한은 이미 정해졌고,

이 한계는 모든 것을 바꿀 수 있어 보입니다.

나의 미래와 사소한 것들에 대한 꿈,

계획과 최고의 순간에 대한 짧은 이야기,

죽음을 유예할 수 있으리라는 환상은 사라지고 없습니다.

그러나 나는 잠시, 단지 아주 짧은 시간이라도

죽음의 순간을 미루기 위해 잔에 남은 한 모금, 한 숟가락,

한 번의 손길, 한 줄기의 빛, 한 줄기의 바람, 스쳐가는 향수,

그리고 나에게 주어질 수 있는

아주 작은 것들을 더 원하고 있습니다.

죽음이 이토록 가까이 있음을 알지 못한 채

우리는 웃음과 오래 살 수 있다는 희망,

질병에서 치유되고 나을 수 있다는 바람과 기적,

그 밖에 진부한 것들을 기대하고 있습니다.

그러나 이번에는 마지막 순간을 피할 수 없고,

그 순간은 아주 가까이 와 있습니다.

나는 탈출구도, 앞날에 대한 전망도,

미래에 대한 기대나 희망도 없는 상황 속에 놓여 있습니다.

나에게 어떤 일어날 수 있는 가능성이 0은 아니지만,

아주 작고 매우 제한적입니다.

그것이 과연 시간의 문제일까요? 정말 그럴까요?

그저 우리의 민낯을 있는 그대로 보여주기 위한 것이라면요?

만약 나에게 여느 때와 마찬가지로 농밀한 순간들이

많이 주어진다면 어떻게 될까요?

내게 남아 있는 모든 기억들을 뒤져볼 겁니다.

추억, 생각, 말과 감정들의 작은 파편들을 모아서

할 수 있는 한 그것들을 서로 연결할 겁니다.

그 이후에 어떻게 흘러갈지를 곰곰이 생각해보겠지만
의도적으로 무언가를 꾸며내거나 왜 그렇게 될지를
굳이 이해하려고 노력하지 않습니다.
아, 그 이후가 어떨지 생각이 났습니다.
그런데 그 단편적인 미래에 집착하느라
어떻게 시작되었는지에 대한 실마리를 놓쳤습니다.
우리는 언제나 죽음 이후에 대해 생각하지만
정작 우리의 삶이 어떻게 시작되었는지에 대해서는
생각하지 않습니다.

아무도 모든 것이 어떻게 시작되었는지 알지 못합니다.
어떻게, 왜, 누구에 의해 시작되었는지 모릅니다.
죽음과 관련된 지금까지의 일들 중에서
우리가 알고 있는 건 몇 가지에 불과합니다.
우리는 죽음의 과정과 결과를 이해하지 못합니다.
그 속의 존재에 대한 이 이야기에는
너무 많은 것이 빠져 있고,
공백과 수수께끼 같은 인물이 너무 많습니다.
쓸데없고 비상식적인 것들로 가득 차 있습니다.
하지만 참고 견뎌야 합니다.

그러기 위해 우리는 삶의 이야기를 다시 쓰고,

거기에 일관성과 구조를 부여하고,

엉성하기 그지없지만 그럭저럭 이해할 수 있는

형태를 갖추게 합니다.

이런 어려움에서 우리를 구하는 것은

그 이야기의 미래를 쓰려는 열망입니다.

어디로 가는지도 모르고, 어디에서 왔는지도 모를

그 미래에 우리는 빠져 있습니다.

이 드라마를 계속 쓰려면 그 이후의 시간이 있어야 합니다.

이것은 자명한 이치입니다. 그 시간은 분명 필요합니다.

연속성이 있어야 두려움에서 벗어날 수 있기 때문입니다.

죽음을 생각하면 심장이 뛰고

공포와 두려움으로 패닉 상태에 빠지기도 하지만,

죽음 이후의 삶이 어딘가에 존재하는 것만 같습니다.

그것이 어디 있는지를 말할 수 없지만,

그건 중요하지 않습니다.

그런 생각으로 죽음 앞에서 동요하지 않고

스스로 만족하며 침착하게 긴장을 푸는 겁니다.

마치 또 다른 인생을 기다리는 것과 같다고나 할까요?

○

인생은
박동 소리와 같습니다

인생은 박동 소리와 같습니다.

두 개의 박동 사이 존재하는 짧은 시간입니다.

인생의 후속타입니다.

이후에도 계속되고, 이전에도 존재했던 것입니다.

소멸과 소멸 사이의 고동 소리입니다.

아무것도 아닌 인생에 대해

우리는 많은 의미를 부여하고 있습니다.

그 이유는 우리가 그것에 대해 알지 못하기 때문입니다.

그것은 아무것도 아닌, 전혀 아무것도 아닌,

그저 박동 소리일 뿐입니다.

하지만 그 박동 소리는 무엇을 두드리는 소리일까요?

무엇이 뛰는 소리일까요? 심장 박동일까요?

아니면 날개의 펄럭거림, 속눈썹의 깜박임,

혹은 북을 두드리는 소리일까요?

인생은 박동 소리 그 외에 아무것도 아니라고 말하면

아주 간단합니다.

그러나 박동 소리를 정의하는 것보다 어려운 건 없습니다.

박동 소리는 손에 잡히지도, 고정되어 있지도 않습니다.

그것은 그저 소멸 사이에 존재하는 진동이자 움직임이며,

잠시 지나가는 것이자, 아주 작은 한 조각,

또한 결코 어느 한쪽에 존재할 수 없는 것입니다.

박동은 그저 어느 한 순간의 움직임일 뿐입니다.

순간과 순간 사이의 시간,

더하기에서 빼기로 혹은 빼기에서 더하기로,

위에서 아래로 혹은 아래에서 위로 지나가는 순간입니다.

들숨과 날숨, 수축기과 확장기,

켜기와 끄기가 끝없이 계속되는 것입니다.

* * * * * * *

인생은 끊임없이 두근두근 뛰고, 고동치고, 오고 가지만,

우리는 그것을 볼 수 없습니다.

우리는 결코 박동 소리를 볼 수 없습니다.

그것을 시험해보고, 통과하고, 느낄 수 있지만

결코 그것을 바라볼 수 없습니다.

우리가 삶을 볼 수 없는 이유는

우리가 그 안에, 그 박동 속에 있기 때문입니다.

바다를, 산을, 지는 해를 바라보듯이,

갈매기가 나는 모습이나 말이 달리는 걸 관찰하듯이,

인생을 바라볼 수 있으려면 그 바깥에 있어야 합니다.

밖에서 주시할 때 우리는 비로소 알게 됩니다.

그러나 우리는 그 안에, 항상 박동의 가운데 있습니다.

그래서 우리는 인생을 볼 수 없습니다.

우리는 아무것도 볼 수 없습니다.

앞에서 마주볼 수 없는 것은 태양과 죽음만이 아닙니다.

이유는 다르지만 인생도 그렇습니다.

왜냐하면 인생은 박동처럼 간격이자 틈이며,

그 외에 아무것도 아니기 때문입니다.

육체, 호흡, 단어들 사이의 간격이며, 간격의 틈과 연속,

하나의 박동 안에 흩어져 있는 속삭임이기 때문입니다.

그리고 어리석게도 우리가 행복이라고 부르는 것은

우리도 모르는 사이에 다소 비루하지만

운율적이고 강렬한 이 박동에 의해 좌우되고 있습니다.

○

완벽한
행복은
존재하지 않습니다

행복이란 단어가 무엇을 의미하는지

우리는 점점 더 무지해지고 있습니다.

행복은 연속적이고, 어떤 굴곡도 없이 안정적이며,

조금의 결함도 없는 상태가 아닙니다.

완전한 행복은 고정된 채 움직이지 않으며,

천상의 황홀경이 끝없이 이어지고

결코 퇴색하지 않는 절정의 상태가 아닙니다.

행복이란 그저 시시하고 보잘것없는 것,

완전히 하찮은 것입니다.

아제노르 프누이아르[3]의 말처럼,

완전한 행복은 어디에도 존재하지 않습니다.

그것은 인간이 한 번도 발을 들여놓지 못했던 곳,

저 너머 상상 속에 있는 가상의 낙원,

---

3 조르주 콜롬보의 책《프누이아르 가족》에 등장하는 인물

꿈속에서 보았던 에덴동산에만 존재할 뿐입니다.

산다는 건 이런 것과는 전혀 다른, 완전히 상이한 것입니다.

산다는 건 무수한 사건과 감동과 감정이 뒤죽박죽 얽힌 채

끊임없이 길게 이어지는 것입니다.

몽테뉴가 말했듯이 "기뻐하며 즐기는" 것,

그리고 고생하며 애쓰는 것입니다.

황홀함과 비탄, 환희와 고독, 간질거리는 것과 역겨운 것,

이 모든 것이 언제나 두서없이 얽혀 있는 것,

그것이 바로 삶입니다.

* * * * * * *

우리는 삶에서 부정적인 것을 모조리 걷어내고

기쁨과 긍정적인 것만을 체로 걸러내어

최종적으로 행복이라고 부를 수 있을 것만을 뽑아내면

완벽한 행복이 보장된다고 생각합니다.

그러나 그건 가장 어리석은 생각이며

불행으로 가는 가장 서글픈 생각입니다,

모든 사기꾼과 멍청한 거짓말쟁이, 위험한 바보들이

끊임없이 빠져드는 비열하고 낡아빠진 생각입니다.

솔직히 말하면 우리의 인생에서
기쁨과 행복과 긍정적인 것만을 골라낼 수는 없습니다.
즐거움과 불만, 기쁨과 불행을
분리해낸다는 것은 불가능합니다.
인생은 모든 것이 다양한 비율로 존재하는 하나의 묶음,
모든 소리들이 합쳐진 하나의 박동 소리일 뿐입니다.

세상이 단 한 가지의 색깔이기를 결코 원하지 않는 것처럼
우리는 완전한 불행도, 절대적인 행복도 원하지 않습니다.
이것이 삶에 "네"라고 말하며,
삶을 사랑하고, 받아들이고, 갈망하고, 견뎌내고,
실제로 겪어내는 이유입니다.
우리는 모든 것에 "네"라고 말합니다.

오물, 진흙탕, 두려움, 슬픔, 공포에 그러듯이,
아름다움, 부드러움, 쾌락, 고요함, 평온함,
상부상조에 대해서도 "네"라고 말합니다.
왜냐하면 어느 순간에도, 어느 곳에서도
근본적이고 완벽하게 그것들을
분리할 수 있는 방법이 없기 때문입니다.

물론 우리는 최악의 상황을 미루고, 불행을 피하고,

자신과 사랑하는 사람들의 삶을 보호하기 위해

노력할 수 있습니다.

하지만 우리의 삶에서 악몽을 분리하여

칸막이 안에 격리하거나 서랍 속에 숨긴 채

아름다운 미소만을 진열장 안에 놓아둘 수는 없습니다.

설사 그럴 수 있다 해도 그것은 잠시 동안일 뿐,

모든 것은 반드시 뒤죽박죽 뒤섞일 겁니다.

황홀함과 슬픔, 열정과 비탄, 동요와 평온.

이 모든 것이 섞이고 얽혀버려 정신없어질 겁니다.

* * * * * * *

행복은 우리의 능력 밖에 있지만

행복에 대해 생각한다는 것이 모두 헛된 것은 아닙니다.

고통을 찬양하고, 불행을 사랑하고,

굴욕과 질병, 슬픔을 찾는다는 건 생각할 수도 없습니다.

우리는 그런 것들과 싸워야 합니다.

그와 동시에 모든 부정적인 것, 우리를 위축시키고

우리에게 치명적인 상처를 주는 것과 싸워야만 합니다.

그리고 이 싸움은 참으로 위대한 일이 될 것입니다.

이 싸움은 세상을, 적어도 일부의 존재를

개선한다는 의미에서 실제로 고통을 줄이고,

불행을 영원히 몰아낼 수 있습니다.

그리고 이 싸움을 지속적으로,

끝까지 해나간다는 것은 가치 있는 일입니다.

이 싸움은 잠들지 않고 깨어 있는 사람들의 임무이며,

그들은 피곤으로 정신이 멍해진 사람들을

일으켜 세워야 합니다.

그러나 이 싸움을 통해 언젠가는 고통을 영원히 없애고,

마침내 완전무결한 행복의 세계를 건설할 수 있을 거라고

생각한다면 그것은 엄청난 환상입니다.

그건 완전히 불합리하고 잘못된 것입니다.

우리가 삶의 고통과 해악을 줄이고,

불행을 피할 수 있고 또 피해야만 한다는 사실이

인생의 어두운 측면을 결정적으로,

완전히 끝내거나 또는 끝내야만 한다는 것을

의미하지는 않습니다.

인생의 어두운 측면이라는 것도 환상일 뿐이며,
불합리하지만 우리 모두에게 주어진 것입니다.
그렇다면 왜 오늘날 많은 이들이
완전하고, 순수하며, 절대적이고, 완벽한 행복이
가능하다고 생각하는 실수를 범하게 된 것일까요?
왜 그렇게 된 것일까요?

왜냐하면 우리는 존재를 통합하고,
다양성을 단일함으로 바꾸는 것이 가능하다는
잘못된 믿음을 가지고 있기 때문입니다.
한쪽 눈으로 한쪽 면만을 보기 때문입니다.
자신이 완전하게 통합되어 있는
하나의 덩어리라고 믿기 때문입니다.
하지만 사실은 그렇지 않습니다.

○

인간은
수많은 생각과
욕망이 공존하는
존재입니다

인간이 완전히 통합된 하나의 존재라고 믿는 건
잘못된 생각입니다.
철학자들은 인간이 완전히 하나로 통합된 존재라는
잘못된 생각을 가지고 있습니다.
이것은 철학자들이 저지르는 가장 이상한 실수입니다.
그들은 인간이 하나의 생각과 하나의 의도를 가지고
하나의 추론을 하는
통합적이고 단조로운 존재라는 확신을 고집합니다.

인간이 오직 하나의 추론만을 한다고 생각하는 것은
동시에 다른 생각을 하고, 다른 감각을 느끼고,
다른 계획을 세울 수 있다는 여지를 주지 않습니다.
동시에 완전히 다른 사고를 할 수 있다는
조금의 여지도 허락하지 않습니다.
철학자들은 의식을 한 번에 하나의 활동만이 일어나는
순수하고 희귀한 대기층라고 생각합니다.

그 말이 맞다면 사람은 오직 하나의 생각만을 가지고 있고,

그 영혼 또한 그럴 것입니다.

따라서 생각이 흐트러지고, 부서지고, 단절되고,

온갖 결점으로 가득 채워지면,

그로 인한 어리석음과 오류와 광기를 감시하려 들 것입니다.

* * * * * * *

만약 나에게 주어진 삶이 한 시간밖에 없다면,

이 낯설고 이상한 광경이 허위이며,

근거가 빈약한 왜곡된 생각이라고 말하고 싶습니다.

왜냐하면 우리의 실제 인생은, 심지어 1초라도,

이런 상상 속의 단일성에 들어맞지 않기 때문입니다.

예를 들어 보겠습니다. 글을 쓰는 순간에도

나는 내가 무슨 말을 하고 싶은지 생각합니다.

동시에 종이 위에 글자를 쓰고 있는 펜을 보며

집 근처 나무에서 새가 지저귀는 소리를 듣습니다.

오른발에 물집이 생겨서 약간 아프고,

종아리에 근육통이 느껴집니다.

베토벤의 현악 4중주 7번을 듣고 있다고 생각했는데,

사실 확실하지는 않습니다.

그와 동시에 내가 앉아 있는 의자에 씌워진 천의 감촉과

단단한 책상 모서리를 느끼고 있습니다.

아래층에서 음식 냄새가 올라옵니다.

글을 쓰면서 종아리의 통증을 느끼고, 새 소리를 듣고,

아래층에서 올라오는 냄새가 양파튀김인지, 다른 음식인지,

어떤 요리에서 이런 냄새가 나는지,

누가 요리를 하고 있는지 궁금해합니다.

하지만 그러면서도 내가 쓰고자 하는

글의 줄거리를 놓치지 않고 있습니다.

이 모든 것들은 아주 평범하고 간단해서

어느 것도 동시에 생각하는 것에 방해가 되지 않습니다.

나는 오늘 죽음을 맞지 않고

저녁에 침대에 누워 잠이 들 수 있기를 바랍니다.

그와 동시에 책상에 앉아서 이토록 힘들게 글을 쓰니

지금 당장 죽음 곁으로 가는 것이 낫겠다는 생각을 합니다.

지금 들리는 음악이 베토벤의 현악 4중주가 아닌가 봅니다.

다른 음악과 헷갈린 것 같습니다.

다시 한 번 확인을 해야겠습니다.

이처럼 기억은 함정으로 가득 차 있게 마련입니다.

그러다 왜 새들이 지저귀는지,

새들의 울음소리가 어떤 의미가 있는지,

그 이유에 대한 대답을 알지 못한다는 생각이 들었습니다.

그리고 배가 고프다는 생각이 듭니다.

이 책상이 수십 년이나 되었으며,

내가 더 이상 존재하지 않는 순간에도

이 책상은 여전히 이곳에 있을 거라고 생각하는 게

너무나 낯설고 이상하다는 생각을 합니다.

멀리서 보니 내가 쓰고 있는 글자들이

해독하기 어려운 상형문자 같다는 생각이 이제 막 듭니다.

다시 보니 상형문자처럼 보이지 않는다는 생각도 합니다.

이런 저런 생각을 하는 데

음악도, 새소리도, 어떤 것도 방해가 되지 않습니다.

* * * * * * *

나의 의식 속에 단 하나의 생각, 단 하나의 상태,

단 하나의 걱정거리만이 있던 적은 단 1초도 없었습니다.

오히려 내 머릿속은 언제나

잡동사니를 넣어두는 곳 같았습니다.

수많은 감각, 생각, 욕망, 연상, 어렴풋한 기억, 계획들이

서로 교차하고, 겹쳐지고, 때로는 뒤섞여 있습니다.

이것은 정상적이고 평범한 상태이며,

나는 앞으로도 계속 이런 상태일 겁니다.

그러나 철학자들은 분명 아무 관심도 없을 겁니다.

그들은 한 가지 생각, 한 가지 감각을 처리할 수 있는

순수하고, 순종적인 영혼을 만들어냈습니다.

철학자들이 만들어낸 의식이 실제로 우리가

지속적으로 떠올리는 서로 다른 생각들의 흐름과는

전혀 무관하다 해도 아무도 신경 쓰지 않을 것입니다.

이상하게도 최고의 영혼은 생각에 대해 생각을 하면서도

스스로 어떻게 생각을 하는지는 알지 못하는 것 같습니다.

생각하는 인류는 언제나 이질적이고 어울리지 않으며,

동시에 발생하면서도 변덕스러운 수많은 요소들이

서로 겹치고, 얽히고, 서로를 잠식하고, 맞물리고,

뒤섞이는 경험을 합니다.

서로 다른 다양한 것들이 단계적으로 층을 이루고 있는 게
바로 인간이라는 존재입니다.

우리는 하나가 아니고, 그냥 모여 있는 집단도 아니며,
균일하지도 않고, 일정하지도 않습니다.

이런 다양한 형태의 의식의 흐름과
유동적인 주제의 변화를 지적한 사상가는 거의 없었습니다.

내가 아는 한 서양의 어떤 사상가도 그것을 중심주제로
삼을 만큼 충분히 관심을 기울인 이는 없었습니다.

니체를 제외하고 이것은 사실입니다.

그의 사상은 충분히 그렇게 읽을 수 있습니다.

나에게 중요한 것은 우리의 존재 안에
다양한 흐름이 있음을 확인하는 것입니다.

이것을 확인하고 확증하는 건
그 자체로는 하나도 특별할 것이 없습니다.

비록 아무도 관심을 갖지 않지만
모두가 그것이 사실임을 알고 있습니다.

다시 한 번 말하자면, 중요한 것은 다음의 질문들입니다.

예를 들면, 인간 의식 안에 다양한 흐름이 존재한다면

철학자들은 왜 그것에 대해 아무 말도 하지 않거나
거의 언급하지 않는 것일까요?
왜 그들은 다양한 흐름 대신 우리 의식의 충만함과 섬세함,
균열과 연속성을 하나로 묶어서 다양성이 없는 기생충처럼
그저 하나의 생각만 하는 이성의 신화,
단일한 의식의 흐름이라는 신화를 만들고 있는 것일까요?

질문을 더 던져봅시다.
만약 우리가 하나가 아니라
다양한 계층의 여러 요소들이 층위를 이루며 점멸하고,
때로는 서로 섞이고 섬광처럼 번득인다고 해도,
그럼에도 불구하고 우리가 어느 정도는
통합되어 있다는 것을 어떻게 설명할 수 있을까요?
만약 내가 나에게 입력되는 엄청난 데이터를 결합하여
생각하고, 느끼고, 계획을 세우고, 기억하고, 경험한다면,
그 과정에서 일관성과 모순, 반복과 혁신,
단절과 일탈이 일어난다면,
그럼에도 불구하고 나는 어떤 의미에서 인간이라는 존재는
분명 통합되어 있다고 생각합니다.
망상에 빠지거나 질병을 앓거나 장애를 얻지 않는 한

자신과 다른 사람의 기억을 혼동하는 일은 결코 없습니다.

자신이 경험한 일과 들은 것, 앞으로 일어날 일,

자신의 꿈을 다른 사람의 것과 혼동하지 않습니다.

자신의 기억, 꿈, 경험을 다른 이들의 것과 구별하려면

우선 스스로의 연속성과 통일성,

의식의 일관성이 전제되어야 합니다.

따라서 우리는 의식에 소용돌이치는 다양성과 함께

내적 일관성을 부여할 필요가 있습니다.

* * * * * * *

바로 이 순간에 처음의 질문을 다시 떠올려봅니다.

왜냐하면 만약 내가 한 시간밖에 더 살 수 없다면,

이 시점이 중요할 것이기 때문입니다.

내가 죽는다는 것은 누구의 죽음을 의미하는 것일까요?

내 안에 존재하는 다양성일까요?

그 다양한 요소들과 기억들, 그중 일부만 죽는 것일까요?

아니면 그들을 하나로 묶어주는 결속력이 죽는 것일까요?

우리가 개인을 하나로, 주체를 집단으로 생각하지 않고,

오히려 무리, 구름, 회오리바람에 가깝다고 생각하면,

즉시 또 다른 질문이 떠오릅니다.

모든 게 영원히 살아남거나 영원히 소멸한다고 믿는 대신

우리는 어떤 단편들이 사라지거나 영속하는지,

어떤 구성이 해체되고 어떤 구조가 유지되는지에 대해

질문을 던져야 합니다.

그래서 나는 어떻게 생각하냐구요?

나는 아무것도 모릅니다.

어떤 것도 알지 못합니다.

나는 그것을 알 수 있다고 생각하지 않습니다.

그러니 그냥 내버려두는 것이 좋을 겁니다.

이 질문만 그런 게 아닙니다.

다른 많은 질문들도 마찬가지입니다.

○

우리는
죽음 이후를
알 수 없습니다

모든 것을 이해하겠다는 강박관념을 버리는 것이 좋습니다.

끊임없이 더 많은 지식을 욕망하면서

더 많이, 더 깊이 알게 되면 분명 더 자유롭고, 더 행복해지며

우주와 스스로의 더 나은 주인이 될 거는 믿음을

버리는 것이 좋습니다.

이처럼 성가신 확신들은 버리는 것이 좋을 겁니다.

왜냐하면 행복과 같은 지식은 필연적으로

언제나 불완전하고, 불순하고, 무지가 달라붙어 있으며,

틈과 구멍과 공백으로 가득하기 때문입니다.

우리는 결코 모든 것을 알지 못할 것이기 때문입니다.

본성적으로 우리는 무지합니다.

우리는 완전히 무지하지만,

그것이 절망적이거나 심각한 것은 아닙니다.

무지를 인정하기 위해서는 정신적인 변화가 필요합니다.

우리는 자신의 무지를 받아들이고

수용하는 것을 배운 적이 없기 때문입니다.

우리 문화는 무지를, 모든 악의 가능성을,
불길하고 위협적인 믿음을 증오합니다.
지식에 접근할 수 없고,
지식이 우리 손이 닿지 않는 곳에 있을 때,
우리는 믿음을 이용해서 무지의 구멍을 막고,
가능한 한 서둘러서 우리가 알지 못하는 것을
이야기 혹은 변형된 욕망의 파편으로 대체합니다.

* * * * * * *

나는 죽음 이후에 무엇이 있는지 알지 못합니다,
세상 사람들보다 더 아는 것도 아닙니다.
믿을 수 있을 만한 과학, 확고하게 정립된 지식을 근거로
죽음 이후에 무엇이 있는지
분명하게 말할 수 있는 사람은 아무도 없습니다.
어떤 이들은 불멸이 존재하고
불멸이 다른 세상에서 사랑하는 사람들을 만날 수 있게
해주리라는 굳건한 믿음을 지키고 있습니다.

또 어떤 이들은 영원히 사라져서 완전히 소멸되는 것이
운명이라고 언제나 쇠처럼 강경하게 믿습니다.
이런 믿음을 중단하는 것이 불가능하다는 걸 인정하고,
적어도 그것이 스스로의 믿음이라는 것을 알아야 합니다.
그리고 믿음과 지식과 현실을 혼동해서는 안 됩니다.

나는 지금 교훈과 가르침을 주고 있습니다.
거만하게 점잔을 빼면서 무게감 있는 사람처럼 행동합니다.
그러나 시간이 나를 재촉하고 있습니다.
나에게 남아 있는 시간이 얼마 되지 않는다는 사실이
불필요한 것들을 가지치기해서
중요한 것만을 구별해내라고 압박합니다.
그래서 나는 행복을 제외했습니다.
절대지식을 꿈꾸며
지식을 머릿속에서 비워버리기에는 너무 늦었습니다.
남아 있는 시간은 점점 줄어들고 있고,
그 시간 동안 과학이 발전할 거라는 환상은
더 이상 허락되지 않기 때문입니다.
그렇다면 남은 시간 동안 나는 무엇을 할 수 있을까요?

○

마지막 한 시간 동안
내가 할 수 있는
단 하나의 일

지붕 위에서 떨어지는 사람처럼,

또는 골짜기 아래로 떨어지는 사람처럼,

나는 내 인생이 흘러가는 것을 바라봐야만 할까요?

저녁 무렵 시골 마을에서 올라오는 장작불의 매콤한 냄새,

불꽃이 비추어 붉어진 뺨, 황혼녘의 놀이, 악마의 시간,

풀잎에 웅크리고 있는 민달팽이, 러시아 인형 마트료시카.

더 이야기해볼까요?

나머지는 모두 다른 사람에게서 가져온 것들입니다.

스웨덴 사람의 성기처럼 아름답고 실크 같은 부드러움,

어디선가 들리는 쾌락의 외침, 수도원 도서관의 종소리,

푸짐하고 넉넉한 고기와 페스트리 빵과 치즈와 포도주,

나른함, 무력감, 회복기, 종이 상자, 화물차, 이삿짐, 방황,

지루함과 무미건조함, 손톱 아래에 낀 흙,

갈라진 손가락의 피부, 쿠바산 시가의 맛.

공황에 빠졌다 다시 차분해지는 시간에 대한 긴 공론,

덧없음의 연속, 이런 내밀한 만화경萬華鏡,

이 모든 것이 무슨 소용이겠습니까?

나에게 살 수 있는 시간이 한 시간밖에 남지 않았다면,

향수에 젖어 과거로 되돌아가고 싶은 유혹에 빠지거나

마들렌⁴을 찬양하고 싶은 유혹에 굴복하지 않을 겁니다.

* * * * * * *

이 모든 것을 휩쓸어버리는 한순간이 떠오릅니다.

죽음의 문턱까지 갔던 열세 살의 그날.

나의 짧은 생애가 어쩌면 곧 끝날지도 모른다는

불안감 속에서 마흔여덟 시간을 시달렸던 날.

다행히도 무사히 그 상황에서 빠져나왔지만,

그날 이후의 삶은 나에게 주어지지 않았을 수도 있으며,

그저 우연히 덤으로 주어졌다는 느낌을

결코 떨쳐버릴 수 없습니다.

그날 이후 나의 인생은 덤이자 부록이자

보너스 같은 것이라는 느낌을 받습니다.

---

4 프랑스 북동부 지역의 전통 케이크

만약 내가 영화를 앞으로 돌리듯이 그날로 돌아간다면,

이번에는 덤으로 삶이 더 주어질 거라는 생각 없이

끝까지 내 인생을 밀어부칠 겁니다.

내가 할 수 있는 단 하나의 일을 할 겁니다.

바로 글을 쓰는 것입니다.

기껏해야 한 시간,

그것이 철학적인 글인지 혹은 다른 종류의 글인지,

시詩인지 묻지 않는 시간.

인생에서 가장 자유로운 그 시간에 나는 글을 쓰겠습니다.

○

나는
죽음에 대항하기 위한
글을 쓰겠습니다

남아 있는 한 시간 동안 나는 글을 쓰고 싶습니다.

아, 나는 꿈을 꿀 권리가 있습니다.

버드[5]가 재즈 쇼케이스[6]에서 색소폰을 연주했던 것처럼,

한창 전성기 때의 콜트레인,[7] 롤린스,[8] 콜맨[9]처럼,

때로는 게츠,[10] 때로는 쉬프리[11]처럼 멋진 연주를 하는

그런 꿈을 꿀 권리가 있습니다.

니체가 재즈를 좋아했을지는 모르겠습니다.

소심하지만 바그너를 버리고 비제를 노래할 줄 알았던 그가

재즈를 좋아했을 거라고 믿습니다.

소설가 로런스 스턴과 철학자 드니 디드로의 독자라면

재즈를 좋아할 겁니다. 나는 그럴 거라고 생각합니다.

---

5 미국의 재즈 음악가인 찰리 파커의 별명
6 시카고 시내 외곽에 있는 재즈 클럽
7 미국의 색소폰 연주자
8 미국의 가수이자 희극인, 배우
9 미국의 재즈 색소폰 연주자
10 미국의 재즈 색소폰 연주가 겸 영화배우
11 미국의 재즈 클라리넷과 색소폰 연주자이자 작곡가

나에게 주어진 시간이 단 한 시간뿐이라면,

저는 돌피,[12] 쇼터,[13] 그리고 몇몇 다른 사람들처럼

정신을 잃고 호흡과 리듬의 균열이 일어나는 것 같은

글을 쓰고 싶습니다.

그들이 즉흥적으로 음악을 만들었던 것처럼 생각하고,

그들이 절규하며 음표를 외친 것처럼 문장을 쓰고,

그들이 침묵을 찢어버린 것처럼

나의 생각과 아이디어를 표현하고 싶습니다.

누구나 자신만의 환상이나 작은 꿈을 가지고 있고,

자신만의 덩크슛을 시도했으나

실패했던 경험을 갖고 있습니다.

드물기는 하지만 때로는 성공을 경험하기도 했을 겁니다.

성공의 이유도, 목표가 무엇이었는지도

정확히 알지 못한 채 말입니다.

이것은 조절의 문제이자 적합성과 우연의 문제이며,

테시투라[14]와 10분의 1초까지 구별하는 음감의 문제,

---

12 미국의 재즈 작곡가
13 미국의 재즈 색소폰 연주자
14 어떤 곡 중에서 대부분의 음이 들어 있는 음역 혹은 어떤 가수가 편하게 낼 수 있는 성역

시각과 기량과 태만과 숙련의 문제,

측정할 수 없을 만큼 미세한 차이와 직관의 문제입니다.

* * * * * * *

내가 왜 죽음 앞에서·다른 어떤 것도 아닌

글쓰기를 선택했는지 모릅니다.

어떤 사람들은 야구를 선택할지도 모릅니다,

또 다른 사람들은 첫 번째 수업의

아이디어를 얻기 위해 거문고 연주를 배우는 것을,

수행자처럼 가만히 앉아 잔디를 응시하는 것을,

마지막 단 한 번의 산책을 선택할 수도 있습니다.

이 모든 것이 가능할 것입니다.

당연히 다른 선택의 목록이 끝도 없이 이어질 것입니다.

글쓰기가 필요하다면, 그 이유를 말해야 할 겁니다.

나 자신을 정당화하려는 게 아닙니다.

다만 내가 글쓰기를 선택한 이유를 생각해보려는 것입니다.

나는 그에 대한 대답을 이미 알고 있는 것 같습니다.

내 삶이 단 한 시간밖에 남지 않았다면,

나는 죽음에 대항하기 위한 방편으로

글쓰기를 선택할 것입니다.

이것은 보잘것없는 술책입니다.

제한적이고 불완전하며, 안타깝게 느껴질 수도 있습니다.

하지만 비효율적이거나 완전히 무기력한 것은 아닙니다.

아마도 내가 글쓰기에 대해

이렇게 명확하게 이해한 적은 없었습니다.

한 시간도 안 되어 내가 이 세상에서 사라진다고 해도,

지금 내가 쓰고 있는 글들은 오래도록 남을 것입니다.

마침내 나는 쇠약해져서 최소한의 발자취를 남길 수도,

최소한의 생각을 표현할 수도,

최소한의 감각을 전달할 수도 없게 될 겁니다.

가시적인 징후도 없고, 세상에 개입할 수도 없을 것입니다.

그렇지만 내가 쓰고 있는 이 문장들은 오래도록 지속되고,

그대로 남아서 독자들에게 전해질 겁니다.

언젠가, 운이 좋다면 빠른 시간 안에,

어쩌면 수백 년 후에 독자들이 나의 글을 읽으며

어깨를 한 번 으쓱하고는 웃거나

내 삶이 단 한 시간밖에 남지 않았다면,

나는 죽음에 대항하기 위한 방편으로

글쓰기를 선택할 것입니다.

한 시간도 안 되어 내가 정말로 이 세상에서 사라진다고 해도,

지금 내가 쓰고 있는 글들은 오래도록 남을 것입니다.

혹은 눈물을 흘릴지도 모릅니다.

이것은 매우 낯선 경험입니다.

그리고 정말 그렇게 될지 궁금하기도 합니다.

이것이 내가 죽음을 정복했다는 의미는 아닙니다.

그러나 나의 글쓰기를 통해

죽음은 부분적으로는 좌절되고 뒤틀렸습니다.

프랑수와 라블레[15]가 말한 "얼어붙은 말"이라는 은유는

단어들이 마치 얼음에 갇힌 채로 시간의 흐름을 초월하여

그 모습 그대로 유지된다는 것을 의미합니다.

마치 갑자기 현재가 녹슬지 않도록 보호되고

영원히 지속되는 것 같습니다.

지금 쓰고 있는 문장은 이미 다음 순간을 지나갈 것입니다.

그러나 나는 그 순간으로 되돌아갈 수 있습니다.

물론 한 시간이라는 한계 안에서만 그럴 수 있을 겁니다.

그러나 다른 사람들에게는

내일, 일 년 후에, 백 년 후, 천 년 후에도 가능합니다.

---

15 프랑스의 작가

누군가는 이 특별한 순간을,

종이 위 한 페이지에 고정되거나 화면에 포착된 이 순간을

우연히 발견할 수도 있습니다.

모든 글쓰기는 유일성에 관한 것입니다.

글쓰기는 지금 자신이 가지고 있는

어떤 것에도 관심이 없습니다.

글쓰기에서 고귀한 말을, 그럴 만한 가치가 있는 것만을

기록하는 데 조금이라도 관심을 둔다고 생각한다면

그건 어리석은 일입니다.

글쓰기에서 위대한 작품이나 숭고한 명상은

거의 중요하지 않습니다.

글은 낙서, 외설, 세탁소의 메모, 제국의 문서,

양떼의 숫자 등 무엇이든 보존합니다.

아마도 나는 이런 이유에서

글이라는 수수께끼에 관심을 가졌을 겁니다.

글이 순간의 잔해들을 보존하고,

촘촘하게 얽혀 있는 시간의 그물을

영속하게 만든다는 것이 정확한 사실은 아닙니다.

하지만 글쓰기는 미세한 사실들이 노화되고 부식되어

변형되지 않도록 합니다.

* * * * * * *

고대의 어느 군인이 이집트 매춘굴의 벽에 썼던 글은
여전히 우리에게 전해지고 있습니다.
그는 분명 어느 날 밤 그 글을 썼을 겁니다.
우리는 그 군인에 대해 아무것도 알지 못합니다.
그가 돈을 주고 샀던 여자에 대해서도, 그 상황에 대해서도,
그 순간에 대해서도 아무것도 모릅니다.
그러나 수백 년이 지났어도
그가 남긴 외설적인 말은 알고 있습니다.
마찬가지로, 죄수들의 헛소리, 평범한 사람들의 기도문,
약사의 회계장부, 마술 공식, 분실된 희귀 증서, 쇼핑 목록,
주문서, 처방전, 친구들 간의 농담과 법령이 전해집니다.

매번 글쓰기는 유일성의 영속을 허용하고,
사라질 운명에 처한 순간을 거의 영원하게 만듭니다.
비록 유일성과 순간들이
거의 아무런 의미를 갖고 있지 않다고 해도,

비록 아무것도 그것들을 알아보지 못해도 마찬가지입니다.

우리는 글쓰기가 시간을 봉인할 거라고

말할 수는 없습니다.

정지된 채 움직이지 않는 것은 시간이 아닙니다.

시간은 계속 이어지고, 그 흐름은 결코 멈추지 않습니다.

글쓰기를 통해, 아주 작은 행위, 삶의 파편,

우리의 작은 몸짓까지 결정체로 남습니다.

그것들은 유일합니다.

일반적인 것이란 없습니다.

일반적인 것은 살아남지 못합니다.

유일한 것만이 영속합니다.

그래서 나는 순간과 의미의 알갱이들을

단단히 새겨놓고 싶습니다.

그 순간 굳어버린 한 줌의 먼지를 전달하고 싶습니다.

그 먼지는 어쩌면 그 먼지 위에 닿은 어느 시선을 통해

자신만의 방식대로 움직일 것이고,

세월이 한참 흐른 후에는

내가 알지 못하는 먼지가 될 것입니다.

○

삶과 죽음은
소멸과 계승의
과정입니다

왜 후손을 남기고, 무언가를 전달하려는 걸까요?

이 질문은 실제로는 제기된 적이 없습니다.

살고 죽는 것은 수천, 수만 종의 식물과 동물들처럼

자신의 존재를 나누어서 다음 세대에 전달하는

소멸과 계승의 과정입니다.

모든 개체는 그대로 사라지지 않고 홀씨와 꽃가루,

씨앗이나 알을 통해 자신의 연속성을 보장받으려 합니다.

홀씨와 꽃가루, 씨앗이 바람에 흩어져

안전한 장소에 안착한다는 것은 그 개체들이 사라지지 않고

후대에 전달된다는 것을 의미합니다.

거의 모든 종에게 이 과정은 DNA와 관련이 있습니다.

단어와 표상, 기호와 생각으로 살아가는 존재인 인간이

죽음 앞에서 글과 사상을 전달하려는 건 당연한 일입니다.

이를 위해 우리는 교육, 관습, 법률, 수많은 규칙과 규범,

지식, 훈련을 만들어서 연마해왔습니다.

르네 샤르[16]가 선언한 것처럼, 어떤 유언도 우리의 유산에

선행하지 않는다는 건 사실이 아닙니다.

문제는 오히려 그 반대입니다.

우리에게 남겨진 유언, 불협화음, 혼란,

끝도 없이 많은 지침사항, 유산, 안내사항 등이

과도하게 차고 넘칩니다.

* * * * * * *

여기서 내가 책 한 권을 더 추가해야 하는

이유는 무엇일까요? 교만하기 때문일까요?

성실하기 때문일까요? 혹은 둘 다일까요?

두 가지가 얽히고설켜서 구별이 안 되는 것일까요?

내가 책을 쓰겠다고 생각한 것은 다른 이유에서입니다.

바로 우리가 거품 위에서 살고 있다는 것을

알게 되었기 때문입니다.

그 거품은 터져서 갑자기 흔적도 없이 사라질 때까지,

견고하고, 단단하고, 흔들리지 않고, 확고하며,

무지갯빛으로 반짝입니다.

우리가 거품 위에서 살고 있고,

언젠가 그 거품이 꺼질 거라는 사실을 알고 있는 한

우리는 거품 위에서 살 수 있습니다.

언젠가는 터져서 사라져버리겠지만

이 순간에는 가능한 한 고요하게 수행할 수 있습니다.

꺼지지 않고 유지되는 한 거품은

완전하고, 농밀하고, 다채로운 것처럼 보입니다.

너무나 존재감이 강하고 단단해서

갑자기 사라질 수 있다는 것을 상상조차 할 수 없습니다.

거품이 위태롭고, 한없이 얇고, 반투명하다는 것을 알지만

거품이 터질 거라는 사실을 바꿀 수는 없습니다.

삶과 죽음 사이에 상상할 수 없는 경계선이 놓여 있습니다.

그 경계선은 편재하지만

우리는 그것을 감지할 수도 뛰어넘을 수도 없습니다.

하지만 단숨에 그 경계를 통과할 수도 있습니다.

지극히 단순하지만 명확하게 파악하는 것은 불가능합니다.

이제 거품이 정해진 기한 내에,

아주 짧으면서도 피할 수 없는 그 시간 안에 터질 거라는 걸

나는 분명히 알고 있습니다.

이 사실을 잊어서는 안 됩니다.

그 때문에 주눅이 들거나 용기가 꺾여서도 안 됩니다.

* * * * * * *

나는 스스로 자칭하는 영웅주의를 믿지 않습니다.

그러나 죽음의 경계선 앞에서 두려움에 떨지 않고,

종말이 분명 가까이에 있다는 걸 알면서도

자신의 의지를 놓지 않는,

꿈을 꾸는 이들을 닮으려고 노력합니다.

침묵의 시간이 오기 전에,

거품이 터지고 나의 모든 시간이 멈추기 전에,

나는 용감하게 나의 신념을 큰 소리로 말하고 싶습니다.

죽음은 결코 본질적인 것이 아닙니다.

본질에 이끌리거나 본질로 돌아갈 수 있지만,

결코 본질의 일부가 될 수는 없습니다.

죽음이 중요하지 않다는 걸 이해하고,

본질에 통합시켜서 희열로 변화시키거나

희열로 다시 만들기 위해서는

죽음이 본질 안에 모습을 드러내서는 안 됩니다.

시간이 지날수록 나는 더 많은 부조리와 역설들이

서로 얽혀 있는 것을 보게 됩니다.

생각할 수 없는 죽음을 생각한다는 것,

소멸을 확신하면서도 허무주의에 빠지지 않는 것,

아는 척하지 않고 전달하는 것,

이런 모순에 얽매이지 않은 채

그 얽힘 속에서 앞으로 나아가는 것을 봅니다.

○

무지에 대한
찬양

나를 지탱하게 하는 한 가지 확신,

그것은 우리가 아는 것이 별로 없다는 사실입니다.

우리는 아는 것이 별로 없고, 언제나 그럴 것입니다.

하지만 그건 결코 큰 문제가 아닙니다.

인류가 쌓아온 엄청난 지식, 지난 수천 년 동안 축적되었고,

최근 수십 년간 엄청나게 불어난 지식을 생각하면

그 모든 것이 얼핏 궁금해지기도 합니다.

플랑크톤에서 블랙홀까지, 유전자에서 화산까지,

쿼크에서 화성의 대초원까지, 코알라에서 효소까지,

우리는 실질적으로 거의 모든 분야를 면밀히 조사하고,

분류하고, 측정한 것 같습니다.

인류는 모든 질문과 알고자 하는 모든 욕구에 답할 수 있는

충분한 데이터를 가지고 있습니다.

개인의 지식에 대한 욕망을 충족할 준비가 되어 있습니다.

사회, 문화, 교육과 관계없이

모든 인간에게 뿌리를 내린 그 욕망은 너무나 강력해서
살아간다는 것은 곧 주변에서 일어나는 일에 대한
모든 가능한 이유를 배우고 발견하는 것과
동의어가 되었습니다.
자연과의 관계, 인간이 서로 맺고 있는 관계와 관련하여
공들여 만들어진 과학, 도덕, 예술,
그리고 그것에 대한 수많은 실제적, 이론적 지식을
배우고 발견하는 것이 삶과 동의어가 되었습니다.

이런 상황에서 어떻게 우리가 아는 것이
거의 없다고 말할 수 있을까요?
더구나 아는 것이 거의 없다는 게
어떻게 문제가 안 된다고 말할 수 있을까요?
그 이유는 모든 지식에는 우리가 알지 못하는
어떤 한계가 필연적으로 존재하기 때문입니다.
그것은 견디기 힘든 것처럼 보일 수 있습니다.
왜 지식은 결정적으로 한계를 가질 수밖에 없는 걸까요?

* * * * * * *

우리 문명은 끊임없이 이야기를 만들어내고 있습니다.

따라서 인간 지식의 한계는 일시적 것입니다.

여전히 우리가 모르는 것들이 있다고요?

잠시 기다려 보십시오. 연구자들이 곧 알아낼 겁니다.

많은 경우에 우리가 예측했던 것들은 검증되곤 합니다.

때로는 예상보다 조금 더 늦게 밝혀지기도 하고,

사람들의 기대를 충분히 충족시키지 못할 수도 있습니다.

하지만 오늘의 수수께끼는 분명 내일 풀릴 것입니다.

그럼에도 불구하고 과학은 결코 완성되지 못할 겁니다.

그 누구도 어느 맑은 날 아침에

"여러분, 우리는 이제 모든 것을 알게 되었습니다!

오래전에 시작된 우리의 연구는 목적지에 도착했습니다.

알아야 할 모든 것을 알게 되었습니다.

우리 임무는 끝났습니다. 과학은 문을 닫습니다"라고 외치며

연구실 문을 닫지는 않을 겁니다.

지식이 완성될 수 없는 이유는

우리가 가진 지적 한계 때문입니다.

칸트는 그것을 인간이 가진 지식의 한계와 구별했습니다.

지식의 한계는 고정되어 있지 않으며 끊임없이 움직입니다.

오늘은 알지 못하는 것을 내일은 더 많이 알게 되고,

그다음 날에는 전부 알게 되는, 그런 분야가 있습니다.

그러나 모든 분야에서 인간의 지식이

지속적으로 늘어나는 것은 아닙니다.

그럴 수 있는 분야는 제한적입니다.

세대에서 세대로 또는 해를 거듭할수록

우리 지식의 한계는 경계를 넓혀가지만,

우리의 지식이 어떤 경우에도 뛰어넘을 수 없고,

그 너머로 갈 수 없는 지적인 한계가 분명히 존재합니다.

예를 들어봅시다.

죽음 이후에 무슨 일이 일어나는지 우리는 알지 못합니다.

아무리 알아내려고 수많은 방식으로 노력해도

그것이 무엇인지 안다는 건 불가능할 것입니다.

다른 이유로 또는 더 확실한 이유에서

우리는 결코 모든 것을 알지 못할 겁니다.

우리의 지식이 증가할수록

우리가 알 수 없는 것도 증가하고 있습니다.

더 많은 것을 알게 될수록 모르는 것도 많아집니다

아는 것이 적은 사람은 모르는 것도 적습니다.

무지한 사람을 바라보는 외부의 시선,

많은 걸 알고 있는 사람의 시선만이

무지한 사람에게 생각보다 누락된 게 많다는 걸

알 수 있습니다.

무지한 이들은 자신이 무지하다는 사실을 알지 못합니다.

그는 자신이 알지 못하는 것이 얼마나 많은지 깨닫기보다

자신이 처음으로 거둔 성공에 자부심을 갖습니다.

하지만 점점 지식이 증가하면서

자신에게 부족한 것이 무엇인지를 파악하기 시작합니다.

* * * * * * *

무지의 일부는 우리가 도저히 어떻게 할 수 없고

극복할 수 없는 운명처럼 영원히 우리 곁에 남을 것입니다.

나는 모든 이들이 보편적으로 가지고 있는

전문성과 권위에 대한 집착에 맞서

무지를 찬양할 필요가 있다고 생각합니다.

이 말이 역설적으로 들릴지도 모릅니다.

하지만 철학과 무지의 관계는 언제나 그렇게 모호했습니다.

알고자 하는 욕망이 철학의 기초를 이룬다는 것에
모든 사람들이 동의합니다.
철학은 진정한 지식은 선하고
따라서 욕심을 낼 만한 것이라고 선언합니다.
쾌락, 권력, 즐거움, 성공, 그 무엇보다도
지식을 우선적으로 추구해야 한다고 합니다.

그러나 사람들은 첫 번째 조건을 잊고 있습니다.
자신의 무지함을 깨닫고 그것을 극복하기를,
최소한 자신의 무지함이 조금 더 줄어들기를
바라는 사람만이 지식을 탐낸다는 것입니다.
철학자들은 그것을 무지에 대한 첫 번째 이끌림이자 반감,
무지에 대한 증오에 찬 우정의 독특한 형태라고 가정합니다.
우리 안에 숨어 있는 근원적이면서도 모호한 이 유대감은
너무나 강력해서 철학은 지식에 대한 사랑이기에 앞서
무지의 산물이라고 할 수 있습니다.

소크라테스가 자신의 무지를 모든 지식으로의 첫 걸음이자
시금석, 미덕으로 삼으면서 자신이 아는 것이라고는
자신이 아무것도 알지 못한다는 사실뿐이라고 선언했을 때,

그는 이 사실을 잘 알고 있었습니다.

* * * * * * *

한 걸음 더 나아가봅시다.

무지는 단지 시작해놓고 그다음에는

태평하게 잊어버릴 수 있는 그런 출발점이 아닙니다.

고대나 초기 사상가에게 국한된 오래된 문제도 아닙니다.

철학의 역사를 통틀어 가장 중요하고

핵심적인 위치를 차지하는 것이 바로 무지입니다.

그리고 여전히 철학은 무지에 대해

체계적으로 연구하고 있습니다.

우리가 주목하는 것은 언제나

인간 사고의 한계이자 인간이 정한 개념 너머에 있는 한계,

성찰의 테두리 밖에 있는 핵심,

우리의 분석을 벗어나는 여백입니다.

지금도 우리의 지식은 끝없이 증가하며 팽창하고 있고,

지식의 오만함은 어디에서든 목격됩니다.

오만함에 맞서서 우리의 지식에는 한계가 있다는 것을

분명하게 상기해야 합니다.

정확하게 말하자면 철학자는 '무지함의 수호자'입니다.

극단주의자나 '유식한 체하는 무지함'에 대한 광신자들이

지식 자체를 부정적이고 위선적인 것으로 평가하더라도,

철학자들이 반계몽주의反啓蒙主義에

특권을 부여하는 것은 아닙니다.

세련되지 못하고 투박한 성품을 가지고 있던

그리스의 철학자 안티스테네스를 한번 보십시오.

심지어 그는 현자賢者는

읽는 법도 배워서는 안 된다고 했습니다.

또 참선을 하는 승려는 말보다는 침묵을,

박식한 학자의 강연보다는 죽비로 맞는 걸 선호했습니다.

더 간단히 말해서, 지식을 공허함으로 바꾸지 않고,

어리석음을 찬양하지 않으며,

인간의 부족함과 한계를 인정하고,

모든 것을 다 안다고 주장하는 사람들의 거만함과

그들이 내세우는 어마어마한 학문,

그들이 말하는 과도한 지적 발전과 싸워야 합니다.

몽테뉴는 이것을 어느 정도 인식하고 있었습니다.

고대 그리스의 철학자 엠피리쿠스를 비롯한 회의론자

또는 피론학파라고 불리던 모든 철학자들,

그리스인 퓌론[17]에서 흄과 푸코에 이르기까지,

모두 이와 같은 지식에 대한 지식을 갖고 있었습니다.

* * * * * * *

대부분의 분야에서 진실은

구조적으로 우리가 닿을 수 없는 곳에 있습니다.

거기에 절망의 핑계거리가 될 만한 것은

아무것도 없다는 걸 강조하며

그들은 무지함을 견디기로 선택합니다.

나 또한 이 계보에 속합니다.

자신의 지식을 의심하고,

무지함은 인간이 극복할 수 없는 경계 너머에 있다는

인식을 갖고 살아가는 사람들 중 하나라고 할 수 있습니다.

이것이 내가 단 한 시간밖에 더 살 수 없는 경우,

---

17 그리스 철학자, 회의론의 시조

내가 알지는 못하지만 알 수도 있었고,
살짝 접하거나 발견할 수도 있었던 것들,
이제 필연적으로 경험할 수 없게 된 것들에 대한 향수를
더 이상 갖지 않으려 하는 이유입니다.

나는 무지함은 악이 아니라고 확신합니다.
이것이 무지함을 떠나 지식에 합류해서
마침내 진리의 해안가에 도달하는 걸 고집하는
대다수의 철학자들과 내가 다른 점입니다.
그들은 진리가 한순간에 사라질 수 있는 신기루이며,
쓸데없이 우리를 고문하고
우리가 편안하게 잠을 이룰 수 없게 하기 위해 만들어진
이야기일 뿐이라는 것을 잊고 있습니다.

* * * * * * *

도착할 수 있는 해안가는 없으며,
끝도 없는 항해만이 있을 거라고 생각하는 것이 좋습니다.
우리에게는 지역적으로 제한된 장소에서만
진리가 무엇인지 알 수 있는

아주 미미한 방법만이 있을 뿐입니다.

절대성 속에서 진리를 알 수 있는 방법은 없습니다.
'절대성 속의 진리'가 의미가 있는지 그렇지 않은지,
그리고 만약 의미를 갖는다면
어떤 조건에서인지를 결정할 방법은 없습니다.
궁극적이고 완전한 최상의 진리가 존재한다면,
근본적으로 우리는 그 진리에 접근할 수 없을 겁니다.

비록 우리의 수명이 열 배, 백 배, 천 배로 늘어난다 해도,
비록 우리의 지능과 기억력이
이와 비슷한 비율로 확대된다고 해도,
그것은 아무것도 바꾸지 못할 겁니다.
그것은 시간이나 능력, 데이터 양의 문제가 아닙니다.
유일한 탈출구는 진리를 알고자 하는 욕망을 포기하고,
이 포기가 내주는 기쁨을 느끼는 것입니다.
왜냐하면 이런 결별 때문에 슬픔을 겪을 일도,
조금의 낙담을 느끼는 일도 없기 때문입니다.

○

진리는
결코 닿을 수 없는 곳에
있습니다

절대지식을 버리는 것은 무척이나 행복한 일입니다.

절대지식을 버리면 놀라움, 호기심, 발견,

끝없는 기분 전환을 위한 여행으로 향하는

문이 활짝 열립니다.

이곳에 사는 이들은 어떤 생각을 하고 있을까요?

저곳에서는 어떤 믿음을 가진 이들이 살고 있을까요?

이 하늘 아래에서 무엇을 새롭게 발견할 수 있을까요?

저 산 너머에는 어떤 권력이 지배하고 있을까요?

세상의 곳곳에서 누가 자신이 가진 지식으로 존경받고

현자로 인정받으며 당연히 알아야 할 모든 것을

알고 있다는 명성을 얻고 있을까요?

진정으로 존경받을 만한 비밀을 가진 사람이든,

초라하기 짝이 없는 맹신을 얻고 있는 사람이든,

그건 별로 중요하지 않습니다.

내가 기쁜 마음으로 관심을 기울이는 건

그들이 새로운 정신 자세를 요구하며,

사람들에게 세상에 알려지지 않은 사고를 경험하게 하고,

지속적으로 새로운 것을 발견할 수 있는

끝없는 산책길로 사람들을 이끌고 있다는 사실입니다.

이것은 변함 없는 진리의 엄숙함이라기보다

다름을 향한 한없는 모험입니다.

* * * * * * *

만약 어떤 꾸밈이나 사탕발림 없이 빠른 시간 안에

본질과 중요한 것, 유용한 것을 이야기해야 한다면

나는 진리를 향한 낡은 욕망을 버리라고 말할 겁니다.

진리에 대한 욕망이 우리를 괴롭히고 불안하게 할 때,

우리는 진리를 찾아나서고,

질문을 던지고, 방황해야 합니다.

무엇이 좋은 대답이고, 보장된 지식이며,

지켜야 할 규칙일까요?

무엇이 더 나을까요? 여기일까요, 저기일까요?

아니면 다른 곳일까요? 어떻게 알 수 있을까요?

어떻게 확신할 수 있을까요?

어떻게 의심과 소용돌이치는 마음,

의혹에서 의혹으로 추락하는 걸 멈출 수 있을까요?

확실한 답변, 사실상의 진리, 논리적 확실성.

잘 진행된 논증이 존재하는 경우가 분명히 있습니다.

그러나 그것들은 불확실성이라는 대양에 둘러싸인

외따로 떨어져 있는 바위,

부차적인 것에 무게를 둔 진리에 불과합니다.

우리는 가장 중요한 것에 대해 끊임없는 의문을 제기하고

진리를 찾아나서는 태도로 재빨리 돌아서야 합니다.

지옥이나 악몽과 같은 삶을 살아가느니,

근본적인 불확실성을 생생한 기쁨이 끝도 없이 솟아나는

샘으로 만드는 것이 더 좋습니다.

그렇게 어렵거나 복잡한 일은 아닙니다.

진리를 찾을 수 없는 꿈의 공원, 환상의 성,

환상의 회전목마가 끝도 없이 존재합니다.

반박할 수 없는 진리는 없습니다.

이런 공원과 회전목마가 너무 많고, 너무 다양해서

우리의 짧은 존재는 진리를 발견할 수 없습니다.

어떤 사람들은 그것을 좋아하고,

어떤 사람들은 그렇지 않을 겁니다.

어떤 사람들은 당혹스러워하고,

어떤 사람들은 지루해하거나 주눅이 들어 있을 겁니다.

삶은 존재하지도 않거나 결코 닿을 수 없는 곳에 존재하는

진리를 찾는 것이 아니라는 걸 이해하면서도

이런저런 교리들을 찾아 끝없이 방황하겠다고

선택하는 것입니다.

먼 나라를 방문하고, 이국적인 음식을 맛보고,

새로운 바다로 뛰어드는 것처럼,

무지함이라는 사악한 주문과

위협적인 어둠의 페이소스를 끝내는 것입니다.

* * * * * * *

우리가 큰 실수를 저지르는 것은 무지 때문은 아닙니다.

지식은 무지함만큼이나 우리가 실수를 하게 만듭니다.

실수의 원인이 무엇인지 주의를 기울이지 않을 뿐입니다.

우리는 근본적으로 무지함을 극복할 수 없다는 것을

인정하고 그것을 견뎌야 합니다.

그와 동시에 하루하루 우리의 결함을 줄여나가야 하고,

과학과 기술의 진보를 거부해서는 안 됩니다.

시계바늘이 돌아가고, 남은 시간이 줄어드는 것을 봅니다.

나는 진리에 대해 의심하는 마음을 물려주기로 한 걸까요?

불확실성의 원칙을 확립했어야 했을지도 모르겠습니다.

풀리지 않는 수수께끼에 직면한 인간이라는 동물을 위해서,

문제가 존재한다는 걸 이해할 수 있을 정도로 똑똑하지만

문제를 해결할 만큼은 똑똑하지 못한

인간이라는 동물을 위해서 말입니다.

적어도 자만심으로 가득한 대부분의 철학자들은

인간이 이성으로 무엇이든 할 수 있다고 주장합니다.

그리고 이성이 인간이라는 존재를 다스리고,

방황을 멈추게 하고, 진리로 이끈다고 말합니다.

그러나 그런 주장은 결국 더한 광기일 뿐입니다.

왜냐하면 진리 역시 명확히 밝혀지기보다는

맹목적인 열정을 낳기 때문입니다.

○

사랑한다는 것과
산다는 것

진리, 사상, 추상을 숭배하기보다

부드러운 육체를 사랑하는 것이 좋습니다.

살과 뼈를 가진,

생각하고 말하는 존재를 사랑하는 것이 좋습니다.

사랑에 대한 조언은 터무니없을 것입니다.

사랑은 규율로 정해질 수 없는

사람과 사람 사이의 상호작용입니다.

숨을 쉬고, 먹고, 자고 싶은 욕구처럼,

모든 사람은 내면으로부터 충동을 느낍니다.

내면은 외부라는 유일한 독특함에서 나옵니다.

사랑은 다른 사람과 연결되기 위해

자신을 놓아주는 데서 시작됩니다.

혼자 숨을 쉬는 것은 가능합니다.

홀로 식사를 할 수도 있고,

곁에 아무도 없이 혼자 잠이 들 수도 있습니다.

하지만 사랑은 그렇지 않습니다.

그것은 언제나 자신 안에 있고, 자신 밖에 있으며,

다른 사람이 먼저입니다.

사랑은 모든 것을 뒤집는 수수께끼입니다.

사랑은 의심, 무지, 이성의 반대편에 있습니다.

사랑에 빠진 사람은 확실성 안에 있습니다.

그것이 바로 사랑입니다.

아무도 방법을 알지 못합니다.

아무도 사랑에 빠지는 이유를 알지 못합니다.

사랑은 그저 거기에 놓여 있을 뿐입니다.

대립도 없고, 이면도 없습니다.

죽지 않는 유일한 방법과 같습니다.

* * * * * * *

사랑하는 것과 산다는 것은 서로 다른 별개의 동사가 아니

며, 신체의 두 가지 상이한 상태도 아닙니다.

그저 존재의 유일한 힘이자 동일한 힘입니다.

그렇기 때문에 철학자들은

사랑에 대해 흥미로운 이야기를 거의 하지 않습니다.

사랑이라는 지식은 철학자들을 위한 것이 아닙니다.

사랑은 반증할 수도 없고, 해체될 수도 없습니다.

사랑에는 논증도, 가정도, 추론도 없습니다.

그저 명백함만이 있을 뿐입니다.

말보다 강하고 부드러우면서도 무분별하고 폭력적입니다.

철학자들은 사랑을 가만히 내버려두어야 합니다.

사랑의 본질에 대해 그들은 많은 걸 이해하지 못합니다.

왜냐하면 사치스럽게도 사랑에 대해서는

이해해야 할 것이 없기 때문입니다!

이것은 시인과 예술가들이 인정한 사실입니다.

이론가를 제외한 모든 이들이 이것을 인정했습니다.

사랑에 관한 이론은 젖은 폭죽, 떨어지는 열기구,

일그러진 거울처럼 사람들을 웃게 만듭니다.

"말하는 사람은 알지 못하고, 아는 사람은 말하지 않는다."

노자의 이 말은 다른 어떤 주제보다

사랑에 대해 적용되어야 합니다.

사랑은 확실하게, 그리고 끝없이

사랑하는 것과 산다는 것은

서로 다른 별개의 동사가 아니며,

신체의 두 가지 상이한 상태도 아닙니다.

그저 존재의 유일한 힘이자 동일한 힘입니다.

사랑은 반증할 수도 없고 해체될 수도 없습니다.

사랑에는 논증도, 가정도, 추론도 없습니다.

그저 명백함만이 있을 뿐입니다.

사람들로 하여금 말하게 하지만 결코 자신,

즉 사랑에 대해서는 말하지 않습니다.

사랑에 대해서는 해야 할 말이 없습니다.

우리는 왜 사랑하는지, 사랑하는 동안

정확히 무엇을 하는지 실제로는 알지 못합니다.

그러니 차라리 말하지 않는 것이 좋습니다.

* * * * * * *

"왜 나를 사랑하세요?"

언젠가 우리는 이런 질문을 하게 될 겁니다.

대답하기가 쉽지는 않지만

"솔직히, 잘 모르겠어"라는 것이 정직한 대답입니다.

정직하지만 불쾌한 대답,

어쩌면 아예 들을 수 없는 대답인지도 모릅니다.

이것이 견디기 힘든 무지함입니다.

우리를 감싸안고, 우리의 마음을 온통 뒤흔들고,

우리를 기쁘게 하는 가장 강렬한 것에 대한 진실을

알지 못한다는 걸 어떻게 받아들일 수 있을까요?

자신도 모르는 사이에 기습적으로 허를 찌르며 다가오지만

기다리는 곳에는 절대로 찾아오지 않는,

인간 존재의 가장 결정적인 욕망.

사랑이라는 그 욕망이 부드럽게 밀착해오고,

이해할 수 없는 형태로 전개되다가

때로는 소리도 없이 사라진다는 것을

어떻게 인정할 수가 있겠습니까?

사랑은 자신만의 고유한 생명력을 가진

완전히 우리들의 것이지만

우리와는 너무나 다른 이질적인 것입니다.

진부하면서도 이상한 생각이지만,

사랑은 우리를 '우리'이면서 '우리가 아니도록' 만드는,

바이러스처럼 전염력이 강한 불안에 빠져들게 합니다.

모든 이들이 이성의 지배 아래 살아가고 있다고 주장하는

사람들에게 가장 당혹스러운 점은

사랑이 가깝지도 않고 멀지도 않으며,

정말이지 이성과는 아무런 상관이 없다는 사실입니다.

철학자들은 모두가 이성의 지배하에 살아가는 세상을

꿈꾸지 않았을까요?

* * * * * * *

사랑은 계산할 수 없고,

임시변통적인 수단에는 적합하지 않고,

숭고한 만큼 매우 어리석은 것입니다.

사랑은 느끼고, 꿈꾸고, 원하고, 상상하고, 계획하고,

앞으로 나아가게 만들지만, 그러나 생각하지 않습니다.

적어도 체계적으로 사고를 한다는 의미에서 그렇습니다.

그것은 극한으로만 가고, 잠재적으로만 구별되며,

역설들의 간격만 벌려놓을 뿐입니다.

사랑은 실제로는 자신만의 내용, 본질, 본성을

결코 갖지 않으며, 그것의 무한한 힘,

그 사이에 있는 순수한 것,

순수한 교류의 힘을 끌어온다고 말할 것입니다.

이것이 사랑에 대한 많은 이야기에서

증오가 작용하는 이유입니다.

사랑은 자신이 무엇을 하고 있는지도,

잘못을 저질렀는지도 알지 못합니다.

온갖 모순에 휩싸여 있을지도 모릅니다.

일시적이지만 자신이 영원하다고 믿을지도 모릅니다.

의존적이면서도 독립적이라고 생각할지 모릅니다.

* * * * * * *

어떤 사람은 당신에게 당신이 사랑하는 그 육체가

오늘은 아름답고, 욕망을 불러일으키고, 매끄럽고, 빛나지만,

내일이면, 머지않아, 생기를 잃고, 주름지고,

무기력해지고, 혐오스러워질 거라고 말할 겁니다.

지금 당신은 그것을 사랑하지만,

내일은 더 이상 사랑하지 않게 될 거라고 말할 겁니다.

또 다른 누군가는 당신이 사랑하고 있는 그 육체가

겉으로는 빛나고, 매력적이고, 욕망을 불러일으키며,

당신이 그 피부에서 나는 냄새, 피부결, 피부색을 즐기지만,

그건 그 피부 아래에 있는 것, 피와 내장과 체액,

배설물을 생각하지 않을 때라고 말할 겁니다.

당신은 그저 겉껍질만을 사랑하는 것이라고 말할 겁니다.

여기에 사랑에 대한 환상을 깨는 또 다른 이가 나타나

사랑은 당신과는 아무 상관이 없는 것이며,

그것은 다른 사람 역시 마찬가지라고 말할 겁니다.

당신이 어떤 것을 사랑하는 이유는

그것에서 나오는 독특한 빛 때문이라고 생각합니다.

당신은 그 빛을 다른 것과 비교할 수 없다고 믿습니다.

하지만 그것은 자신을 영속시키려는 종種의 책략일 뿐이며,

호르몬과 유전자, 생물학의 문제에 불과합니다.

이를 알고 있는 사람은 비웃고 있습니다.

감정은 거대한 속임수에 지나지 않습니다!

이 세 명의 냉소적인 사람들은

정확히 같은 말을 하고 있지는 않습니다.

그러나 그들에게 공통된 것이 하나 있습니다.

바로 사랑의 환상을 고발하는 것입니다.

매번, 현실의 일부분이 전체로 잘못 간주되고 있습니다.

첫 번째 사람에 따르면,

당신은 현재만을 보면서 시간의 황폐함으로 인해

내일은 기대가 사라져버릴 거라는 사실을 잊고 있습니다.

두 번째 사람은 당신이 표면은 보고 있지만,

그 배경, 육체 안에 숨겨져 있는 것, 그 역겨운 측면들,

덮여 있는 더러움을 잊고 있다고 주장합니다.

세 번째 사람은 당신의 열정이

단지 두 사람에게만 관련이 있다고 말합니다.

당신은 스스로를 자유롭고 독특하다고 믿지만,

당신의 본성, 삶의 메커니즘, 당신 내면에서 작용하는

어두운 힘을 무시하고 있다고 확신합니다.

그러므로 이 세 가지 경우에서 오류를 수정하는 것은

부분을 전체 속으로, 현재를 시간의 흐름 속으로,

표면의 아름다움을 유기체 전체 안으로,

사랑의 이야기를 종의 생존 속으로 가져가는 것입니다.

마치 어떤 대가를 치르더라도 속지 않기 위해,

그리고 자신을 속이지 않기 위해 시각을 옮겨서

새로운 관점으로, 다른 곳, 더 먼 곳,

더 높은 곳을 바라보아야 하는 것과 같습니다.

그러면 마침내 사랑의 오류가

진리의 지식 안으로 녹아들어갈 겁니다.

그들의 주장은 하찮고 비열하며 역겹고 어리석을 뿐입니다.

* * * * * * *

사랑을 외부에서 보려는 모든 시도는

이미 사전에 실패할 운명입니다.

적어도 그것을 느끼려는 사람들에게는 그렇습니다.

이 시도가 처음부터 실패할 수밖에 없는 이유는

연인들이 논쟁을 할 수 있을 뿐만 아니라

잠시라도 사랑에서 벗어날 수 있다고 믿기 때문입니다.

우리는 열정을 공유하지 않은 채

사랑에 빠진 연인을 외부에서 관찰할 수 있습니다.

그렇게 눈이 먼 것에 놀라고, 그 어리석음에, 그 순진함에,

그 솔직함에 웃을 수도, 눈물을 흘릴 수도 있습니다.

그러나 이것은 그의 사랑을 전혀 느끼지 않는다는

바로 그런 특별한 조건일 때만 가능합니다.

반대로 사랑에 빠져 있으며

동시에 그 밖에 있는 건 절대로 불가능합니다.

방 안에 있으면서 동시에 방 밖에 있고,

생각 안에 있으면서 생각 밖에 있다는 것만큼이나

비현실적입니다.

분명 우리는 사랑을 멈출 수도 있고,

어제까지는 여전히 생생했던 사랑을

죽어버린 사랑의 창고에 보관해야 한다는 걸

인정할 수도 있습니다.

이것 때문에 당신은 한밤중에 비명을 지르거나,

때로는 그 사랑을 죽이거나 또는 웃음을 터트리는데,

보통의 경우에 이것은 마음의 상처를 치유하는 방법입니다.

하지만 그 과정은 내적인 것이어서

내면으로부터 사랑에 이르거나, 성장하거나 쇠퇴합니다.

사랑은 결코 외부에서 오는 사건이 아니며,

논쟁의 결과는 더더욱 아닙니다!

그래서 만약 나에게 남은 삶이 한 시간뿐이라면,

나는 사랑만이 세상에서 유일하게

가치 있는 것이라고 소리칠 것입니다.

나치의 총알을 맞기 전의 레지스탕스처럼,

"여자의 가슴 만세!"라고 절규할 겁니다.

사랑 안에서 광기와 신기루와 오류를 본다는 이들을

나는 비웃고 또 비웃을 것입니다.

사랑이라는 탈선이 우리의 유일한 버팀목이기 때문입니다.

밖이 없는 것처럼 한계가 없습니다.

우리가 저지르는 수많은 오류 중에서 유일한 힘입니다.

당신이 누군가를 사랑하는데,

주름 몇 개 때문에 사랑하는 걸 멈추게 될까요?

그 반대로 시간이 흐르면서 다른 사람의 몸이 변하는 것에

당신이 감동하고 측은한 마음을 갖거나

그것 때문에 마음이 바뀌는 일은 결코 없을 겁니다.

더구나 사랑을 멈추게 되지는 않을 것입니다!

* * * * * * *

혐오감에 대한 거짓 추론은 이상한 제약을 만듭니다.

나는 당신의 눈을 사랑하지만,

그러나 당신의 맹장을 사랑하지는 않습니다.

당신의 목소리에 내 마음은 녹아내리지만,

당신의 두정엽은 나를 구역질나게 합니다.

사랑은 이런 터무니없는 제약을 두지 않습니다.

사랑은 모든 것을, 귀지와 배설물, 손톱과 때와 머리카락,

소뇌와 췌장 등 모든 것을 포함합니다.

사랑 앞에서 모든 제약은 부조리하고 부질없습니다.

사랑은 결코 선별하고 분류하지 않으며,

현재의 삶을 '깨끗한 삶' 또는 '더러운 삶',

'고귀한 삶' 혹은 '하찮은 삶',

'부유한 삶' 또는 '가난한 삶'으로 구별할 줄 모릅니다.

당연한 얘기지만, 좋아하는 것과 싫어하는 것,

일시적 충동과 거부감, 욕망과 거절이 존재합니다.

이것은 근본적으로는 오해의 문제입니다.

욕망을 불러일으키고 사랑을 나누는 육체는

운동이나 정원일을 하는 육체,

혹은 의사가 진찰을 하는 육체와 같지 않습니다.

미화되고 빛나는 사랑의 육체는

무한하고 투명하며, 전지전능하고 신비로운,

유기체의 육체와는 완전히 다른 것입니다.

사랑을 하는 육체가 유기체의 육체와 얼마나 다른지를

느끼고 인정하는 사람은 빈정거리는 투의 논쟁에는

결코 귀를 기울이지 않습니다.

주름투성이의 나이든 여자는

빛나는 젊은 여성에 반대하는 말을 하지 않습니다.

배설물은 아름다움에 어떤 권력도 행사할 수 없습니다.

종의 속임수는 연인들의 열정을 거스르지 않습니다.

그것은 같은 질서가 아닙니다.

그것은 근본적으로 다르고,

완전히 구별되고 분리된 우주입니다.

이 우주들은 어느 곳에서도 서로 교차하지 않습니다.

○

증오의
기쁨에 대하여

살아가면서 증오를 잊어서는 안 됩니다.

만약 사랑만 있다면

아마도 이 세상은 훨씬 단순할 겁니다.

그렇지만… 그렇지만 그것은

우리가 알고 있는 유일하게 실재하는 세계는 아닙니다.

천 개의 얼굴을 가진 세상,

그 깊은 아래에는 증오도 존재합니다.

파괴하려는 의지, 고통에 대한 고집스러운 애착,

만족을 모르는 해체를 향한 열망,

세계가 존재한 이래

모든 증오가 이 세계를 분열시키고 있습니다.

우주의 두 적대적인 세력이 사랑과 증오에서 만들어진다고

했던 엠페도클레스[18]의 말이 옳았습니다.

———

18 고대 그리스 철학자이자 정치가, 시인, 의학자

두 세력 중 하나는 여러 요소들을 통합하여 작동합니다.
한 요소와 다른 요소를,
서로 멀리 떨어져 있는 요소들을 끌어들여
더 가깝게 연결하고 하나로 모아 결속시키는 힘입니다.

또 다른 세력은 밀어내고, 연결을 끊고, 해체하고,
혼란을 야기합니다.
분리하고, 몰아내고, 분산시키는 힘입니다.
이 두 세력 간에는 전쟁이 끊이질 않습니다.
그 세력들 간의 영원한 투쟁의 결과물이
세상의 변화, 탄생과 죽음, 평화와 전쟁입니다.

* * * * * * *

프로이트는 고대로부터 내려온 직관에 따라
사랑의 신 에로스와 죽음의 신 타나토스,
즉 문명의 역사와 마찬가지로 연합과 분리의 과정에서
형성되어 우리 정신 현상의 구조 속에서 대립하는
이 두 세력을 통해 새로운 차원을 제시했습니다.

증오를 영원히 몰아낼 수 있다고 믿거나,

단순히 증오를 비방하며 어떤 상황에서도

증오는 나쁘다고 말하는 것은 커다란 오류입니다.

사랑의 기쁨처럼 증오의 기쁨도 있다는 것을

인정하는 것이 도움이 됩니다.

파괴의 즐거움 역시 우리의 가장 내밀한 존재 안에 있는

우리 감정의 일부입니다.

증오라는 감정을 인식하지 못하는 것은

매우 잘못된 것입니다.

파괴하면서 느끼는 쾌락을

위험을 무릅쓰고 제거하는 것은 바람직하지 않습니다.

내가 가장 좋아하는 영국 작가 윌리엄 해즐릿[19]은

《증오의 즐거움에 대하여》에서 이렇게 말했습니다.

"우리는 짓궂은 즐거움, 못되게 굴면서

행복을 느끼는 즐거움을 취합니다.

왜냐하면 그 즐거움은 결코 고갈되지 않는

만족감의 원천이기 때문입니다."

---

19 영국 수필가이자 드라마 및 문학 평론가, 철학자

증오가 가져다주는 만족감을 부정하지 않고,

그것이 어떤 식으로든 과소평가되거나

그 가치가 무시되어서는 안 되는,

놀라운 행동의 동력이자 환상적인 선동기계라는 것을

인정하면서 우리는 이렇게 물어야 합니다.

증오가 세상을 지배하지도,

모든 것을 파괴하지도 않도록 하면서,

증오를 수용하는 방법,

즉 증오를 이용하는 방법을 알고 있습니까?

이 문제에 대해서 나는 해즐릿과 마찬가지로

'각 개인을 위한 최고의 선은

그 이웃에게 할 수 있는 모든 것을 해치는 것이다'라며

프로이트와 비슷한 생각까지 하지는 않습니다.

그럼에도 이런 비열한 주장이 유용하다고 믿는 까닭은

그것이 정반대의 생각을 하게 만들기 때문입니다.

아연실색하게 만들 만큼 극단적인 주장은

우리를 반대 방향으로 나아가게 합니다.

우리는 인생이 혐오스러운 것이며,

불행이 일상다반사로 찾아오고,

진정성은 찾아볼 수 없으며,

신뢰는 불가능하다고 주장하는 것일까요?

참을 수 없이 웃고 싶어집니다.

아무도 어둠의 홍수를 믿지 않지만,

어둠에는 빛의 폭발에 주목하게 하는 장점이 있습니다.

어둠 덕분에 모든 것이 밝아집니다!

부정적인 태도를 가져봅시다!

그러면 언제나 약간의 즐거움을 느끼게 될 겁니다.

* * * * * * *

한 경사면이나 다른 경사면에

언제까지나 머무를 수는 없습니다.

사랑과 미움, 밝음과 어둠, 쾌락과 고통처럼 모든 것들은

언제나 어디서나 반대되는 것들과 함께 존재합니다.

고대 그리스 철학자인 헤라클레이토스는

자신의 방식대로 이렇게 말했습니다.

"올라가는 길과 내려가는 길은 하나이며 같은 길이다."

비탈길을 올라갈 때 그 길을 기어 올라가는 것은

힘들고 고됩니다.

하지만 그 길을 다시 되돌아올 때는

지금의 오르막길이 곧 내리막길이 됩니다.

현실 속에 닻을 내린 두 가지 상반된 판단의 지배를 받는

두 개의 비탈길은 분명히 단 하나의 길입니다.

그 길은 오르막이면서 동시에 내리막길인 유일한 길입니다.

그 차이를 보는 것은 우리의 방식이 아닙니다.

실제로는 심지어 두 개의 면, 두 개의 비탈길,

두 개의 측면으로 존재합니다.

그러므로 언제나 두 가지 시각으로 보는

연습을 할 필요가 있습니다.

비탈길을 올라갈 때

그 길을 기어 올라가는 것은 힘들고 고됩니다.

하지만 그 길을 다시 되돌아올 때

지금의 오르막길은 곧 내리막길이 됩니다.

두 가지 상반된 판단의 지배를 받는 두 개의 비탈길은

분명히 단 하나의 길입니다.

○

세상은
빛과 어둠이 얽혀서
돌아갑니다

서로 상반되고, 대조를 이루며 대립하고,

긴장관계에 있는 것들을 주의깊게 살펴볼 필요가 있습니다.

우리에게 '가득 찬' 것처럼 보이는 것이

누군가에게는 '텅 비어' 보일 수도 있고,

우리가 '좋다'고 판단한 것이 다른 이들에게는

'나쁘다'고 생각될 수도 있다는 것을 끊임없이 기억합니다.

쾌락과 고통은 마치 부와 가난, 용기와 비겁함,

사랑과 증오처럼 서로 얽혀 있습니다.

이 반대되는 것들은 결코 낯선 영역에 있지 않습니다.

선하고, 용감하고, 유쾌하고, 밝은 사람도

내리막길을 갈 때는 악하고, 비겁하고, 슬프고,

우울한 면이 나타납니다.

삶과 세상을 정확하고 입체적으로 파악하기 위해서는

이런 이중적인 시각이 필요합니다.

그러나 이런 사고방식은 저절로 갖게 되는 것이 아닙니다.

우리는 대부분 사물의 한쪽 면만 보고,

세계의 한쪽 면만 생각하려는 경향을 갖고 있습니다.

어떤 사람은 '모든 것을 어둡게' 보고,

또 다른 사람은 '모든 것을 장밋빛'으로 봅니다.

어떤 사람들은 삶이 증오, 슬픔, 절망으로 가득하다고 하고,

또 다른 사람들은 오직 기쁨과 행복 속에서

헤엄치고 있다고 주장합니다.

이런 두 가지 시각을 놓치지 않는 사람은 거의 없습니다.

* * * * * * *

항상 같은 시각을 갖고 있다고 하는 것보다

더 기만적인 태도는 없습니다.

"이것은 좋은 것이고, 어두운 면이라곤 없습니다"라거나

"이것은 악한 것이라 여기엔 빛이 없습니다"라고 말하는 건

너무나 경솔합니다.

세상은 그렇게 굴러가지 않습니다.

세상은 빛과 어둠이 얽혀서 돌아갑니다.

대립하는 것들 사이의 긴장상태를 인식하는 것만으로는

충분하지 않습니다.

그것을 수용하고, 견뎌내고, 품으며,

그것을 놓지 않는 법을 배워야 합니다.

이 세상이 하나의 덩어리라고 믿는 것이

더 편안하고 간단하게 느껴질 겁니다.

하지만 긴장감을 유지할 수 있는 세상이 더 흥미롭고

우리를 자유롭게 합니다.

모든 행동, 모든 순간에 그 긴장이 재연되도록 하는 겁니다.

세상이 달콤하며 평화롭게 느껴진다면,

그건 당신이 세상의 비참함을,

그 안에 있는 고통과 공포를 부인하기 때문입니다.

절망에 빠져 있다면, 세상의 기쁨, 온화함, 부드러움이

수평선 너머로 사라져버립니다.

그 이유는 무엇일까요?

이처럼 대립하는 것들 사이의 긴장을

극복할 수 있는 건 아무것도 없습니다.

둘 사이의 갈등과 반목을 해결한다고 약속하는

변증법 때문에 귀찮아할 필요도 없습니다.

이런 갈등과 반목들은 진화되고, 변형되고,

새로운 형태로 바뀔 수 있습니다.

그러나 어떤 경우에도 갈등이 완전히 사라지지는 않습니다.

물론 한쪽이 이길 때도 있고, 다른 쪽이 이길 때도 있습니다.

그러나 하나가 다른 하나를 완전히 해체하거나 병합하거나

사라지게 하는 일은 결코 일어나지 않습니다.

* * * * * * *

긴장상태는 끈질기게 지속될 겁니다.

긴장은 현실 그 자체이며,

극복하거나 없애버릴 수도 없습니다.

한쪽이 긴장상태를 강점하는 일이 발생한다면,

어느 한 가지 요소가 지배적이라면,

그렇다면 우리는 우리가 살던 우주가 아닌,

완전히 다른 세상 속에 빠져버린 것과 같습니다.

상반되는 두 가지 요소가 항상 긴장상태에서 서로 싸우고,

반대되는 세력 간의 대립이 결코 멈추지 않는 세계에서

우리는 벗어날 수 없습니다.

나는 우리가 회귀 없이 사라질 운명이라는 것을,

궁극적인 지식으로 가는 모든 가능한 출구를 빼앗겼으며,

태어나는 순간부터 마지막 순간까지

절대 진리로부터 영원히 분리되어 있음을 알고 있습니다.

이것이 유쾌한 일이라고 할 수는 없습니다.

만약 이 절망이 유쾌함을 만들어내지 못한다면,

분명 희망은 없어 보일 것입니다.

나는 탄식, 쇠약, 슬픔 속에 잠기는 것,

불안에 빠져서 안주하는 것을 혐오합니다.

이 막다른 골목에서도 기쁨과 환희를 찾을 수 있습니다.

무지가 즐거움의 근원이 될 수 있고,

세상의 긴장이 지혜의 원천이 될 수도 있으며,

부조리가 웃음의 동기가 될 수도 있습니다.

보편적인 의혹, 절대적인 불확실성, 기준의 부재,

이 모든 것에도 불구하고,

진실처럼 보이는 모든 것에 반하여

인생이 지금 어디에 있는지를 나타내는

나침반이 존재합니다.

최고의 것, 가장 충만한 것은 그저 '살 만한 것'이 아니라,

실제로 아름답고, 바람직하고, 흥미로운 것입니다.

○

어떤 순간에도
다시
삶을 선택하겠습니다

나는 언제나 어디서나 삶을 선택하겠습니다.

삶의 무의미함에도 불구하고, 죽음이 바로 코앞에 있어도,

아무것도 확신할 수 없어도 삶을 선택하겠습니다.

사랑과 또 다른 힘으로 삶을 선택하겠습니다.

그것이 유일한 탈출구입니다.

아주 오래전 철학자인 친구들과 함께

게임을 한 적이 있습니다.

그 게임에서 각자 자신의 삶을 다시 한 번 살 수 있다면,

지금 자신의 존재와 그 사이에 지워진 모든 기억들을

간직한 채 정확히 똑같은 존재로 다시 살 수 있다면,

모든 실패와 고통, 즐거움과 걱정을,

모든 발견과 황홀함을 다시 겪으며 또 한 번 살 수 있다면,

어떤 선택을 할 것인지를 물었습니다.

만약 당신이라면 "네, 그러고 싶습니다"라고 대답할까요?

아니면 "아니오, 그러고 싶지 않습니다"라고 대답할까요?

나는 단 1초도 주저하지 않고 "네"라고 대답했습니다.

내 삶에서 아무것도 바꾸지 않고

나라는 존재를 새롭게, 기꺼이 다시 살아보고 싶습니다.

그런데 그 자리에 모인 철학자 친구들 중 적지 않은 이들이

"아니오"라고 대답하는 것을 보고 깜짝 놀랐습니다.

그들은 행복에 지대한 관심이 있었고,

지혜로운 말만을 했으며,

다른 사람들에게 충고하는 척하기까지 했습니다.

그들은 한 번의 삶으로 충분했던 겁니다.

두 번의 존재는 그들에게 과도했던 겁니다!

바로 그날 나는 그들이 얼마나 삶을 증오하는지,

얼마나 삶을 거부하고 있는지 알게 되었습니다.

그들이 살면서 경험했던 것들이

다시 똑같이 살아야 할 필요가 없다고

그들을 설득한 것입니다.

내가 "네"라고 대답한 것은

살아간다는 그 사실이 그 자체로 탐나고,

믿을 수 없을 정도로 기적적인 것처럼 보였기 때문입니다.

언제나 어떤 상황에서나 우리는 삶을 선택해야 합니다.

무의미함에도 불구하고,

죽음이 바로 코앞에 있어도, 아무것도 확신할 수 없어도

우리는 삶을 선택합니다.

사랑과 또 다른 힘으로 삶을 선택합니다.

그것이 유일한 탈출구입니다.

* * * * * * *

삶은 주어진 것이지만 끝없이 새로워지는 것입니다.

삶은 결코 고갈되지도, 바닥을 드러내지도 않는

샘물과 같습니다.

그래서 나는 다시 시작하고 싶은 마음을

도저히 거부할 수 없습니다.

공산주의자들이 소비에트 정권에 대해 말했듯이,

내 인생에 대한 종합평가가

'전반적으로 긍정적'인지는 잘 모르겠습니다.

그러나 다른 모든 인생이 그렇듯이,

나의 인생은 충분히 만족스럽고, 갈망할 만하며,

끊임없이 다시 시작하고, 지속하고,

쫓아가기 위해 노력하려는 욕망을 가지고 있습니다.

그래서 나는 언제든 기꺼이 두 번째 삶을 택할 것입니다.

세 번째 삶도 기꺼이 택할 것입니다.

네 번째 삶도 마다하지 않겠습니다.

수없이 많은 무한한 존재를 선택하겠습니다.

내가 겪었던 것과 같은 모든 존재들을 다시 겪겠습니다.

똑같은 기쁨, 똑같은 고통을 겪겠습니다.

통째로 전부 다시 선택하겠습니다.

또 한 번, 한 번 더, 그리고 한 번 더.

스피노자가 말했듯이,

존재를 가능하게 하는 건 욕망입니다.

끝을 알 수 없고, 사나우며,

다른 말은 들으려고도 하지 않는 탐욕스러운 욕망입니다.

영원하고 변함 없는 의지입니다.

제한도 법칙도 없이 백 가지 형태와 천 가지 얼굴을 한,

영속하기 위해서는 '거의' 모든 걸 할 수 있는 끈기입니다.

난폭함도 필수적이지만,

'거의' 모든 걸 할 수 있는 끈기 역시 필요합니다.

이 녹슬지 않는 욕망은 최악의 마음을 품게 하고,

고통과 질병과 불행을 견디게 합니다.

이 원초적인 욕망의 끈기와 분노가 없다면,

모든 사람은 처음 경험하는 상처 혹은 사소한 슬픔에도

삶을 마감할 것입니다.

하지만 그렇지 않을 수도 있습니다.

* * * * * * *

아무것도 유지되지 않을 때조차 우리는 삶을 놓지 않습니다.

모든 것이 고통스럽고, 힘겹고, 정말 견딜 수 없을 때조차,

그 짐승은 매달리고, 버티고, 이를 악물고 있습니다.

그것은 존재에 결합된 채로 남아 있으며,

그렇지 않은 경우는 극히 드뭅니다.

살아남기 위해 맹렬하게 죽이는 것이 드문 것처럼,

모든 일이 잘못되어 자살을 하는 경우도 흔하지 않습니다.

그러나 삶과의 유대는 단지 자신만의 문제가 아닙니다.

그렇다면 우리는 매번 단숨에

삶을 선택하지는 않을 겁니다.

우리가 삶에서 느끼는 유대감은

다른 사람들과의 관계이기도 합니다.

우리는 자신의 목숨과 다른 사람의 목숨 중에

무엇이 더 소중한지 확신할 수 없습니다.

상황과 시대에 따라 목숨들이 뒤얽히고,

심지어는 구별할 수도 없습니다.

그렇지 않다면 바다에서 표류하는 사람을 구조하는 행위,

지진이나 해일이 발생했을 때 사람들 간의 연대감,

화재가 발생했을 때 불길 속에서 사람들을 구조하는 행위,

위험에 처한 사람들에 대해 아무것도 모르면서

자신의 목숨을 걸고 그들을 구하는

수많은 사례를 이해할 수 없습니다.

이런 상황에서 그 누구도 질문을 던지지 않았습니다.

아무도 이렇게 묻지 않았습니다.

"이 사람들이 누구입니까?"

"살 자격이 있는 사람들입니까?"

"우리가 그들을 위해 모든 위험을 감수해야만 합니까?"

우물에 빠지려고 하는 아이를 목격한 사람은

아이를 붙잡으려고 급하게 달려갈 겁니다.

아이의 부모가 누구인지, 왜 그 아이가 거기서 놀고 있는지

굳이 알려고 하지 않습니다.

아이를 구하는 행위가 좋은 것인지 나쁜 것인지

논쟁을 벌이지 않습니다.

2세기에 이런 본보기를 제시했던 중국의 철학자인 맹자는

그와 비슷한 질문들이 불쾌하고 혐오스러우며,

그 질문들이 표현될 어떤 공간을 찾을 수 없을 거라는 걸
이미 알고 있었습니다.
지나가던 행인은 달려가 아이를 향해 몸을 던질 겁니다.
곰곰이 생각하지도 않을 것이고,
이것저것 따지지도 않을 것입니다.
모든 인간은 다른 상황에서 똑같이 할 수 있습니다.
이 인간적 유대는 주관성, 자신에 대해 스스로 설치한 담장,
가상의 이기심보다 우선합니다.

자신의 존재가 뒷전으로 밀려나고,
자신의 생존, 자신의 이익, 자신의 편안함이 우선하지 않고,
죽음이 아무것도 아닌, 결국 행동의 부작용과 같은 상황이
수도 없이 많다는 것은 분명합니다.
이것은 위급한 상황에서의 구조행위뿐만 아니라,
수많은 전쟁과 저항 무장 투쟁,
고대나 현대의 정치적, 종교적 싸움에도 적용됩니다.

* * * * * * *

인간은 수천 년 동안 자신의 시각에서

한 사람의 존재와 개인적인 생존보다

더 고귀한 삶의 이유를 끊임없이 찾아다녔습니다.

노예가 되기보다는 죽음을 생각했습니다.

모욕당하고, 패배하고, 점령당하고, 숨어서 살고,

무릎꿇어 복종하기 보다는 차라리 죽음을 찾았습니다.

권리, 신념, 명예, 자유, 존엄성을 박탈당하기보다

오히려 죽음을 생각했습니다.

패턴은 언제나 동일한 것 같습니다.

신념, 투쟁, 시대, 상황이 화해할 수 없는 상태일지라도,

살아야 할 이유가 박탈당할지도 모를

생존보다 더 중요합니다.

이 급진적인 욕망에서 인간 광기의 징후를 보아야 할까요?

상투적인 말들이 우리로 하여금 그렇게 믿게 만들면서,

그런 욕망을 위해 죽는 것은

아무런 가치가 없는 생각이라는 걸 자만하며

계속 반복합니다.

어떤 종교, 정치, 국가를 위해 목숨을 바치는 것은

그 이유가 무엇이든 정신착란의 증거가 될 것입니다.

그렇다면 모든 영웅주의는 무분별한 맹목과
어리석음의 산물일 것입니다.
우리는 거기에서 다음과 같은 이상한 결과를 얻게 됩니다.

곰곰이 숙고하는 사람은
더 이상 신념을 갖지 말아야 합니다.
그런 사람은 환상과 광신주의를 이겨내고
항상 한가로운 삶을 산다고 할 것입니다.
신기루로부터 멀리 떨어져
합리적이고 안전한 삶을 살고 있다고 할 것입니다.

그러나 그런 삶은 무기력하고, 황량하고 칙칙합니다.
그런 삶이 더 인간적이라고 주장하겠지만,
무관심과 특히 모욕이라는 비용을 지불해야 합니다.
나는 세상을 다른 시각에서 보고 있습니다.

○

인간은
광기를 통해
위대해집니다

인간은 광기를 통해 위대해집니다.

물론 합리적인 말은 아니지만

누구도 그것을 부정할 수 없을 겁니다.

하지만 그것이 인간의 운명입니다.

사람들은 자신은 종교적 열정과 정치적 맹신,

혁명에 대한 욕망과 세계를 이루고 있는 시스템을

가능한 한 광기의 탓으로 돌릴 겁니다.

미신과 소위 신의 계시라는 것, 감춰진 주술, 유토피아,

완벽한 세계, 광적인 정의가 실현될 가능성과

그 우스꽝스러움을 지적할 것입니다.

그 모든 것은 정확합니다.

그러나 인간이 광기를 벗어날 탈출구는 없습니다.

더 나쁜 경우를 생각해볼까요?

이성은 그 자체가 광기의 표출이라고 할 수 있습니다.

인간이 완전하게 이성의 지배하에 살아갈 수 있으며,

모든 비이성을 제거할 수 있다고 믿는 것은

또 하나의 광기에 불과합니다.

이 사실을 잘 알고 있던 파스칼은 말했습니다.

"인간은 너무나도 불가피하게 광기에 빠져 있어서,

미치지 않았다는 것이

또 다른 광기에 의한 광기가 될 것이다."

＊ ＊ ＊ ＊ ＊ ＊ ＊

인간의 광기에 관한 이 오래된 주제에 대해

우리는 다시 이야기해야 합니다.

진부하고, 흔하고, 현재 진행 중인 광기.

에라스뮈스와 파스칼과 그 무리들에게 광기란

어떤 존재를 황폐하게 만드는 고통과는 거리가 먼 것입니다.

하지만 광기는 부당하게 무시당하고,

이성이 무대 전체를 차지했습니다.

이성에 부여된 이 불균형한 힘은 비판을 받아왔습니다.

그러나 이런 비판에도 불구하고,

광기에 대한 고대의 담론을 되살리지는 못했습니다.

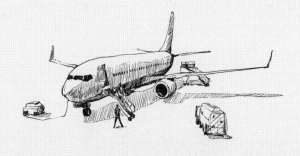

인간이 완전하게 이성의 지배하에 살아갈 수 있으며,

모든 비이성을 제거할 수 있다고 믿는 것은

또 하나의 광기에 불과합니다.

사실 이 담론은 고대부터 르네상스에 이르는
사상의 흐름 속에 꾸준히 언급되었습니다.

우리는 인간의 광기에 결코 싫증을 내서는 안 됩니다.
이성은 그 위대한 계획과 엄청난 힘에도 불구하고,
또는 바로 그런 이유에서 단조롭고 빨리 지루해집니다.
하지만 광기는 그렇지 않습니다!
광기는 정말 놀라운 것입니다!
결코 부족하지 않으며, 끝도 없이 기발하고,
독창적이고, 다양합니다.
또한 광기는 이성의 한 종류이기도 합니다.
광기의 형태와 표현방식의 정교함은
끝을 알 수 없을 만큼 무한합니다.

그래서 언제나 정신착란에 취한 것처럼,
꿈과 환상에 넋이 나간 것처럼,
추잡한 속임수를 지지할 준비가 된 것처럼,
열광적으로 모호한 어리석음을 기꺼이 따르는 것처럼,
인간을 바라보는 것이 좋습니다.
희열과 함께 살아남기 위한 조건은

인류를 생각하는 것입니다.

여기에는 더 고귀하고, 더 존중받을 만한,

더 저명한 인류도 포함됩니다.

인류의 기본적인 제도, 인류의 혁혁한 영웅들,

위대한 위인들도 포함됩니다.

마치 무시무시한 광인들, 환각에 사로잡힌 사람들,

겁에 질린 정신병자 무리와 같이,

우리는 천재를 미친놈으로, 창조자를 병자로,

모든 분야의 1인자들을 위험한 불순분자로 취급합니다.

자, 이것이 요점입니다.

천재와 창조자, 1인자들을 그렇게 취급했다는 건

말할 필요도 없이 지나친 것입니다.

이런 태도는 정말 조심해야 합니다.

* * * * * * *

무엇보다도 놀라운 것은 광기의 독창적인 천재성입니다.

새로운 환상을 그려내고, 낡은 환상을 다시 그리며,

모순을 부인하고, 현실을, 심지어는 단순한 상식조차

부인할 수 있는 그 무한한 힘입니다.

시간과 언어와 기술 발달과 무관하게

인류에게 공통된 점이 하나 있다면,

그것은 상상으로 이야기를 꾸며내고,

허구의 세계를 만들어서 현실보다 조금 더 완전한 상태인

그곳에서 살 수 있는 힘입니다.

그렇게 그들은 얼이 빠진 채 비틀거리며 별을 바라보고,

물속에 발을 담근 채 암울한 손을 더듬거리며

영원히 걸어갑니다.

인간이라는 미친 원숭이들,

자기 운명의 기이함을 느끼지 못하기에는 너무 똑똑하고,

그 기이함을 밝힐 정도로 충분히 현명하지는 못한,

불쌍하지만 같은 종들 사이에서는 위엄을 갖춘,

우스꽝스러우면서도 아주 놀라운 동물들,

형제 살인자이며 범죄의 사도들,

나는 지치지도 않고 그들을 사랑합니다.

나는 항상 인간을 갈구합니다.

인간의 무한한 광기에 굶주려 있습니다.

엄밀하게 말하자면 나는 그들을 사랑하는 것이 아닙니다.

그럴 정도로 신심이 깊은 기독교인이 아닙니다.

그러나 인류가 풍부하게 찾아내는 놀라운 뜻밖의 것들을

끊임없이 갈망하고 있습니다.

만약 나에게 주어진 시간이 단 한 시간뿐이라면,

나는 인류의 광기를 환기시키는 데

나의 시간을 할애하겠습니다.

잠시 시간을 내어 인간이 존재에 대해

헛소리를 하고 있음을 상기시키겠습니다.

인간이 모든 것, 다시 말해 세상과 내세,

선과 악, 진실과 거짓, 삶과 죽음,

그와 유사한 수많은 주제에 대해 주목을 받았던 이론과

터무니없는 가설, 애매모호한 설명, 실패한 확실성,

그리고 때로는 끔찍하고 때로는 우스꽝스러운,

혹은 둘 다인 교리를 끝도 없이 만들어내고 있음을

알리겠습니다.

나 역시 이 보편적 은신처에서 예외일 수 없습니다.

* * * * * * *

어떤 경멸할 만한 우월감을 알지 못한 채로

외부에, 다른 곳에 자신을 붙잡아두는 척한다는 건

의심의 여지가 없습니다.

명석한 내 수준에서 나의 눈 먼 동료들이

무리를 지어 비틀거리는 것을 경멸하지 않을 겁니다.

그와는 반대로 나 또한 다른 모든 사람들과 마찬가지로

언제나 정신착란의 상태에 있는 것 같은 느낌을 받습니다.

심지어 나는 불합리한 동물의 조건을 강력히 요구합니다.

왜냐하면 그 조건은 극복할 수도 없고,

돌이킬 수도 없기 때문입니다.

모든 예상과 달리 인간이 위대한 건

바로 그 조건 때문입니다.

근본적으로 우리는 무언가를 인식할 수 있는 능력이

부족하며, 그 한계를 극복할 수 없습니다.

지식이 부족하기 때문에 우리는 항상 상상하고,

몽환, 악몽, 유토피아로 지식의 구멍을 막아야 합니다.

거기에 인간의 위대함, 종의 특수성,

비교할 수 없을 만큼 가련한 천재성이 있습니다.

신화와 이야기를 해석하고 이해하기 위한 기계를 개발하고

허구를 만들어내는 것과 같은 절대적인 필요성에서

벗어날 수 있는 사람은 아무도 없습니다.

이 기계는 최고의 속도로 돌아가고 장대하게 작동하고

그리고 때로는 오작동합니다.

이것이 역사가 만들어지는 방식이며,

진보는 없어도 다양한 방향으로 나아갑니다.

이야기를 지어내려는 그런 집요함은

어디에서 오는 것일까요?

어떤 억제할 수 없는 필요성이

인류가 현실에 접근하기 위해서는

허구를 만들 수밖에 없도록 강요하는 것일까요?

이 주제에 대해서 나는 미치도록 열광하고 있습니다.

내가 보기에 사람들은 아무 이유 없이

서로에게 말을 걸거나 메시지를 주고받지 않습니다.

그들은 아주 짧게 '말을 걸고'

아주 짧게 메시지를 '받는다'고 주장하는 것 같습니다.

이런 태도는 어디에나 있을 수 있지만,

인간이 이야기를 만들어내는 이유를
설명하기에는 여전히 부족합니다.

상대방의 부재는 무한성의 징후로
우리 마음에 자리를 잡은 듯합니다.
그것은 누군가, 어떤 사람, 어떤 의식의 부재라기보다
오히려 우리의 모든 경험, 모든 대화,
모든 관계를 포함하는 차원의 부재입니다.
인간의 망상적인 이야기 속에
언제나 무한과 부재가 어렴풋이 나타납니다.
인간은 어떤 다른 종種이 가시적으로 뚫고 들어갈 수 없는
현실 속의 공간에서 자신을 인식합니다.
그건 오직 인간만이 가진 능력입니다.
세상의 조밀함 속에 있는 이 공간 또한
아름다움을 품고 있습니다.

○

무한한 자연 앞에
우리의 불안은
먼지일 뿐입니다

무한함과 아름다움은 쌍둥이입니다.

이 둘은 친밀한 유대감으로 하나로 묶여 있습니다.

그래서 결국 모든 인간이 익숙해짐 없이

지구가 아름답다는 느낌을 일반적으로, 매우 자주,

그리고 반복적으로 경험하는 것은 이상한 일이 아닙니다.

달리 이름 붙일 수 없는 이 감정의 진부함 속에는

분명하게 밝혀질 수 있었지만 그러지 못한,

그러나 무시할 수 없는 고대와 현재의 수수께끼가 있습니다.

아주 작은 풍경으로도 충분히 이런 느낌을 받습니다.

일몰, 구름의 윤곽선, 산에서 맞는 새벽,

파도의 반짝임, 붉은색과 푸른색,

갈색과 회색빛을 품은 수평선, 울창한 숲,

건조한 대초원, 주황빛의 모래 언덕….

우리 앞에 무한하게 펼쳐지는 일상적인 풍경의 파노라마는

강렬한 감정을 불러일으킵니다.

이것은 세상의 아름다움 앞에 경외감을 느끼는 것처럼,

무엇인지 정확하게 알 수는 없지만

익숙하면서도 우리가 예상하지 못한 어떤 것이

우리의 너머에 있음을 의미합니다.

이런 아름다움은 처음 보았을 때나

천 번째로 보게 되었을때나 언제나 경이롭고,

때로는 압도적이고, 인상적이며, 항상 감동적입니다.

누군가 자연에 대해 "아, 아름다워"라고 말할 때,

이 말은 신비함을 포함하고 있습니다.

이유를 설명할 수는 없지만,

이 문장은 우리의 미적 감각과 세계가

근본적으로 연결되어 있음을 확인하게 해줍니다.

우리는 지구를 추악하다고 생각하거나,

지구가 우리에게 무관심하다고 생각할 수 없습니다.

그렇다면 단지 인간의 작품, 예술적으로 만들어진 형태,

부자연스럽게 꾸며진 광경에 의해서만 감동받을 것입니다.

우리는 그렇지 않습니다. 지구에서든 또는 우주에서든

우리는 자연에 의해 끊임없이 경외감을 느낍니다

덤불 또는 은하계, 은밀한 호수 또는 블랙홀, 골짜기,

백색왜성,[20] 적색거성[21] 또는 북극광.

이 모든 것 앞에서 우리의 혼란은 먼지처럼 작아지고,

우리의 분주함은 우스워지며,

우리의 불안은 웃음거리가 됩니다.

광대함, 심연, 가장 가까이 있지만 접근할 수 없는

냉정한 물질의 신비함을 볼 때마다

현기증 나지만 때로는 모든 것이 정확해집니다.

변함없는 생각이 움직이고, 변하는 것이 불변하는 것.

그 변치 않는 역설적인 성격은

영원한 소용돌이에서 비롯되었습니다.

어떻게 말해야 할까요?

그것은 표현될 수 있는 것의 경계에 있습니다.

비록 모든 것이 진동하고, 폭발하고, 분출하더라도,

아무것도 움직이지 않고,

아무것도 변하지 않는다는 것을 어렴풋이 느껴야 합니다.

---

20 표면층 물질을 행성상성운으로 방출한 뒤 남은 물질들이 축퇴하여 형성된
청백색의 별
21 표면온도가 낮아 적색을 띤 별

○

**인류의 역사는
별의 일주운동과
같습니다**

인류의 역사를 돌아보면서

혁명이 마치 일주운동을 하는 별처럼

원을 그리며 돌아간다는 생각을 합니다.

젊은 시절에 나는 혁명은 좋은 것이고

가능하다고 믿었습니다.

미친 듯이 혁명을 위한 꿈을 꾸었습니다.

나만 그런 것은 아니었습니다.

행복을 예고하는 거대한 소동,

절대적인 전복을 꿈꾸었습니다.

세상은 기반을 바꾸려고 했고,

이성은 분화구에서 쾅쾅 울렸습니다.

부패했다고 생각되는 몇 사람이 희생되었지만,

그것은 민중의 안녕을 위해서였습니다.

하지만 나는 언젠가부터 다른 생각을 갖게 되었습니다.

위대한 지혜의 말로 많은 이들의 찬사를 받는 몽테뉴는

기존의 관습이 부당하거나 비합리적이라도
그것을 폐지하며 발생하는
예측할 수 없는 위험보다는 낫다고 말했습니다.
그래서 수세기에 걸쳐 쌓인 폐단과
널리 사용되며 사람들의 습관에 의해 강화된 나쁜 법규가
자칭 잘 설계되었다고 하는 새로움보다 낫습니다.

새로운 체계는 통제하기 힘들고,
경우에 따라서는 재앙을 초래하며,
최악의 경우 제자리에 놓인 것들을 혼란으로 빠뜨리며,
많은 이들을 희생시키는 파국을 가져올 수 있습니다.

* * * * * * *

변화보다 현재 상태를 유지하는 것이 낫다는 생각은
분명히 충격적일 수 있습니다.
우리의 감정과 일상적인 판단의 기저에는 진보가 가능하며
그를 위해서는 행동해야만 한다는 확신이 항상 있습니다.
몽테뉴의 생각에 공감하는 나 자신을 보며 놀라기도 했고,
마치 오랫동안 증오해왔던 것에 대해

한순간에 갑자기 동의하게 된 것 같아

부끄러움을 느끼기도 했습니다.

그러나 나는 유토피아, 급진적인 꿈,

반항의 파괴적인 태도를 경계해야 한다는 사실을

영원히 인정했습니다.

보수주의자가 되지는 않았습니다.

그 누구도 결코 있는 그대로

머물고 싶어 하지 않기 때문입니다.

불평등하고 편파적인 세상에서 보수주의를 신성시하고

변화를 사악하다고 여기게 만드는 것은

어리석고 무책임한 태도입니다.

급격한 변화 속에서 지켜야 할 가치가 있는 것과

별다른 피해 없이 바꿀 수 있는 것을 구분하는 것은

쉬운 일이 아닙니다.

그 경계는 때로는 분명하지만,

때로는 둘 사이에 선을 긋는다는 것이 불가능합니다.

때로는 잘못 판단하고 잘못된 행동을 하기도 합니다.

현존하는 인류는 말 그대로

갓 태어났다는 의미에서 젊기 때문입니다.

객관적, 과학적, 기술적 지식과는 다르게

인간의 성숙은 축적되거나

다음 세대로 전달될 수 없기 때문입니다.

나는 인류가 연대감을 가지고

안보 시스템과 평화지대를 만들어나가는 걸 목격했습니다.

그러나 내가 보기에 그것은 불안정하고, 일시적이며,

무엇보다도 특정 지역에 국한되어 보였습니다.

예를 들어 인류의 역사에서 최근의 유럽은 일종의 예외,

다시 말해 피로회복을 위한 무균 인큐베이터나

지친 사람들을 위한 요양원 같은 것입니다.

유럽을 제외한 지구의 거의 모든 곳에서는

전쟁의 규칙이 여전히 유효하고,

폭력이 지속적으로 발생하고 있습니다.

과거와 아주 조금 달라진 점이 있다면

인간의 광기는 그대로인 반면에

그 파괴적 힘은 상상을 초월할 정도로 커졌다는 것입니다.

그렇다면 나에게 시간이 얼마 남지 않았다는 것을
곧 이 모든 불행에서 벗어나는 것이라 여기며
스스로를 위로해야 할까요?
내가 기꺼이 계속 견뎌내야 하는 것은
인간 조건의 변함없는 비참함, 영구적인 상처가 아닙니다.

* * * * * * *

최근에 권력이 야기한 새로운 공포에 대해 생각합니다.
그 공포들의 목록은 아주 길며, 이미 잘 알려져 있습니다.
돌연변이 바이러스의 대유행, 원자력 사고, 유전자 변이,
광신도들의 승리, 생태계와 생물 다양성의 붕괴,
기후와 식품, 위생 등의 파괴.
같은 시대를 살아가고 있는 많은 사람들과 마찬가지로
나 역시 이런 재앙을 싫어하고,
걱정과 불안 속에 둘러싸여 있다는 생각에
메스꺼워지기도 합니다.

나는 기술의 발전을 옹호하며,
기술 그 자체가 사악하다거나 미쳤다고 여기지 않습니다.

하지만 첨단기술을 다루는 이들이 동요하는 것을 보면서

때로는 이렇게 소리를 지르고 싶습니다.

"유전자 조작 만세! 나노기술 만세!

원자력 만세! 셰일가스 만세!"

하지만 이건 분명 어리석은 행동일 겁니다.

기술이 모든 면에서 완전무결할 수는 없으니까요.

충분한 정보나 토론도 없이

이런 기술에 반대하는 사람들은

모든 기술이 끔찍한 결과를 가져올 것처럼 이야기합니다.

하지만 그건 온전한 진실이 아닙니다 .

내가 걱정하는 것은 기술이 아닙니다.

실제로 기술은 중립적이고, 전반적으로 유익합니다.

기술의 발달로 인간은 과거와는 비교할 수도 없을 만큼

엄청난 힘을 갖게 되었습니다.

하지만 나는 인간들이 대체로 무지하고,

쉽게 속아 넘어가며, 광적이라고 생각합니다.

그래서 학문은 발전하지만 세상은 퇴보하고,

문명이 성장함에 따라 야만성이 확산되고,

의사소통이 강화되지만 어리석음이 자리 잡는 것이
눈앞에 펼쳐지는 것 같습니다.
그래서 암울한 미래가 두려워지기도 합니다.
그 어떤 것도 대학살, 상상을 초월하는 충돌,
과거의 모든 재앙이 하찮아 보일 정도의 공포를
쫓아버리지 못합니다.

* * * * * * *

나는 인류가 살아남고, 혼란으로부터 진정되고,
계몽되고, 교육받기를 희망합니다.
완전한 파멸에 대한 가능성을 배제할 수 없는 상태에서
나는 인류가 살아남을 가능성을
절반 정도로 보고 있습니다.

그런 의미에서 인류의 미래를 볼 수 없게 된 것에
일종의 안도감을 느끼기도 합니다.
그러나 포기하거나 도망치지 않는 것이
더 나은 선택일 수 있습니다.
우리가 역사의 흐름에 대해

'네' 또는 '아니요'라고 말하는 걸 멈출 수 있을까요?

역사의 흐름에 저항하고 거부하는 것은

신화처럼 미화될 수 있습니다.

그러나 그저 생각만으로 '아니오'라고 말하는 것은

결코 저항이 아니며,

그것 또한 명백한 사실에 동의하는 것입니다.

단순한 사실을, 있는 그대로의 현실을 받아들이고,

격분해서 반대하는 것을 멈추고,

압도되었다는 것을 인정하는 것입니다.

완곡한 거절이나 평온한 동의는

언제나 '아니오'와 함께 '네'의 자리를 남겨둡니다.

그리고 나는 '아니오'와 '네'라고 말하는 것 이상의

다른 선택이 있다고 생각합니다.

나는 이런 생각을 버리거나 타협하지 않을 겁니다.

나는 더 멀리, 다른 곳을 봅니다.

그곳에서는 더 이상 '아니오'라고도 '네'라고도

말하지 않습니다.

삶에도 죽음에도 '아니오'라고도

'네'라고도 하지 않습니다.

'그렇구나'와 같은 어떤 걸 찾는 것,

나는 이제 그것이 다가오고 있다고 느껴집니다.

지금 저만치에서 나에게 다가오고 있습니다.

비록 길이 없어도 그것은 가까이 오고 있습니다.

오직 또 다른 명료함만을 기다리고 있습니다.

○

당신의 묘비명에
뭐라고
쓰겠습니까?

나는 이제 마지막으로 가까이 다가가고 있습니다.

삶의 마지막 시간에 대한 이 연습의 끝에서

현실보다 더 많은 것을 드러내는

상상의 죽음 바로 앞에 다가와 있습니다.

정말로 죽어가는 빈사상태에 있는 사람은

더 이상 생각을 하지 못합니다.

모든 것이 그 사람 없이 바로 그의 옆에서

그를 제외한 채 이루어집니다.

하지만 나는 죽음과 대면하는 것을 피하고 싶지 않았고,

유일한 방법은 미리 죽음에 대해 생각하는 것이었습니다.

죽음의 문제에 사실이란 없습니다.

죽음은 오로지 그것에 대한 우리의 생각 안에 존재합니다.

그러나 우리는 죽음에 대해 점점 덜 생각하고 있습니다.

죽음으로부터 시선을 돌린 채

다른 것에 대해 이야기하고,

죽음에 대해 생각하지 않을 수 있다면

그것이 무엇이든 그것에 몰두하는 걸 선호합니다.

이 잘못된 무관심은 죽음이 아니라

삶의 본질을 놓치게 합니다.

내가 곧 죽음을 맞으리라는 것을 알고 있는

이 상상 속의 죽음은 예외입니다.

그리고 철학은 끝났습니다.

죽음, 평온, 현자의 무관심, 작은 순간의 충만함에 대해

배우며 생각하고 또 생각하는 것은 끝났습니다.

* * * * * * *

나는 죽음 앞에서 그저 울고만 싶지는 않습니다.

힘없이 바닥에 쓰러진 채 소리도 지르지 않고

조용하게 단 한마디도, 어떤 생각도 하지 못한 상태에서,

엄밀히 말하자면 감정도 없이, 아무 느낌도 없이,

그저 진이 빠지고, 소름이 돋고,

작은 몸짓 하나도 할 수 없고,

위로부터 짓눌려져 납작해지고, 지치고, 마비되고,

텅 비어버리고, 약해져 마치 두들겨 맞은 것처럼,

죽음의 문제에 사실이란 없습니다.

죽음은 오로지 그것에 대한 우리의 생각 안에 존재합니다.

그러나 우리는 죽음에 대해 점점 덜 생각하고 있습니다.

이 잘못된 무관심은 죽음이 아니라

삶의 본질을 놓치게 합니다.

기절해서 아무것도 생각하지 못하고

울고만 싶지는 않습니다.

그러면 나는 더 이상 아무것도 남지 않을 정도로

텅 비어버릴 것입니다.

바닥에 쓰러져 있는 나의 육체를 제외하면

아무것도 없을 것입니다.

나의 육체는 움직이지 못하고, 힘없이 녹아버린 채,

완전히 사라질 준비는 되었지만 아직 죽지는 않은,

더 이상 살아 있지도 않은 상태에 있습니다.

망연자실한 채 아무 말도 하지 못하고,

심지어 눈물도 흘리지 못한 채 얼이 빠져서,

길을 잃고 쓰러져 있습니다.

나는 모르겠습니다. 더 이상 모르겠습니다.

시간에 대한 감각도 무너져버렸습니다.

단 한순간, 마지막 순간, 완전한 마지막 순간,

그것은 모든 것을 잃게 합니다.

그것은 아무런 의미가 없습니다.

만약 그렇다면, 그것은 부서지고, 그리고, 그리고….

시간이, 이번에는 더 이상 시간이 없습니다.

기한은 정해져 있고, 그 기한이 다가왔습니다.

* * * * * * *

이 세상에 태어나는 순간
죽음이 다가오고야 만다는 것을 나는 잘 알고 있습니다.
처음부터 알고 있었습니다.
그러나 죽음에 대한 이런 지식은 비현실적입니다.
이런 지식의 확실성은 아무런 내용을 담고 있지 않습니다.
언젠가 죽음을 맞게 되리라는 것을 알고 있지만,
죽음이 어떤 것인지, 그것이 무엇을 의미하는지,
앞으로 어떤 일이 벌어질지 우리는 알 수 없습니다.
이것은 사이비 지식,
아무것도 이해하지 못하는, 지식인 척하는 지식입니다.

정말로 기이한 상황입니다.
우리 각자는 그것이 무엇인지 미리 알지 못한 채
처음이자 마지막으로 죽음을 맞습니다.
'죽는 법을 배운다'는 철학자들의 낡고 부조리한 계획은
우습기 짝이 없습니다.

그들은 마치 반복되지 않는 것을

배우는 것이 가능한 것처럼 계획을 세웁니다.

우리는 죽음을 단 한 번 경험하며

그것을 다른 이들에게 전할 기회는 없습니다.

죽음은 배울 수 있는 것이 아닙니다.

죽음은 어떤 의미에서든, 어떤 방식이든,

훈련의 대상이 될 수 없습니다.

우리가 상상할 수 있는 것이란

멋지게 보이도록 준비하는 것입니다.

존엄성을 갖고 궁극의 시험, 최후의 투쟁,

가정된 고뇌의 싸움, 전쟁과 대결을 상기시키는

이 단어를 통과하기 위해 자신을 조건화하는 것입니다.

몽테뉴의 말처럼, '냄비 바닥을 들여다보는' 진실의 순간에,

결정적인 순간에, 최종의 순간에,

죽음을 고찰하는 것이 오랜 전통입니다.

우리에게 이 신화는 사라졌고,

아무도 죽음의 공포에서 벗어나서

영웅적으로 마지막 순간은 맞겠다는

야망을 갖지 않습니다.

우리는 폭발도, 투쟁도, 광채도 없이,

무작위로, 거리에 남겨진 채 죽을 겁니다.

링거줄을 매단 채 창문도 없고,

소독약 냄새로 가득 찬 병원의 복도 끝 문 안쪽에서

르네상스 시대와는 전혀 다른 죽음을 맞을 겁니다.

그 문 안에는 죽어가는 사람이 누워 있는 방에

사람들이 무리를 지어 있습니다.

누군가 죽어가고 있습니까?

이 집 2층 저기 모퉁이에 보이는 창문인가요?

모든 사람들이 들어와서 흘끔흘끔 쳐다보며,

장황하게 이야기를 늘어놓고, 죽음과의 투쟁을 지지하고,

죽어가는 사람 주변에 모여듭니다.

오늘은 누가 이렇게 말하게 될까요?

"자, 가보자. 누군가 죽어가고 있어. 한번 가보자."

가장 큰 어려움은 부정과 절망,

집착과 해악 사이의 적절한 태도를 유지하는 것입니다.

왜냐하면 모든 것이 흔들리기 때문입니다.

* * * * * * *

우리는 죽음이 더 이상 존재하지 않는다고 믿거나

죽음은 잊혀지고, 무효화되고, 지워지고,

자신이 마치 신처럼 영원하다고 생각합니다.

아니면 우리가 죽음을 응시하려고 애쓸 때,

눈물이 흐르고, 시야가 흐려지고,

공간이 해체되며 왜곡됩니다.

죽음이 위장에서 가증스러운 두려움을 불러일으킵니다.

나는 태양이나 밤을 다시는 보지 못할 겁니다.

사랑하는 사람들의 숨결, 친구의 목소리,

밤에 모래 위로 철썩거리는 파도의 속삭임,

강렬한 바람이 부는 날 바위로 되밀려오는 파도의 절규를

다시는 듣지 못할 겁니다.

나와 인생을 함께 나누고, 나의 인생을 함께 나누었던

여성의 부드러운 온기를 다시는 느끼지 못할 것입니다.

그것을 다시는 누리지 못할 겁니다.

신음하고, 덜덜 떨고, 공포에 비명을 지를지도 모릅니다.

물론 헛된 것입니다.

아무리 슬퍼하고 분노해도

나에게 주어진 시간을 단 1초도 바꿀 수 없기 때문입니다.

침울하게 나를 위한 애가哀歌를 읊조릴 겁니다.

이 애가는 나의 내면을 위한 것입니다.

나는 나의 끔찍한 운명만을 바라봅니다.

하지만 다른 존재들은 각자의 삶을 이어갈 겁니다.

내 친척의 생명, 내 지인의 생명,

모든 인류의 생명이 이어집니다.

거취조巨嘴鳥와 개의 생명, 심연 속 괴물의 생명,

여우원숭이와 파르마 제비꽃의 생명,

햄의 생명도 마찬가지로 계속될 것입니다.

나는 웃어야 할지 울어야 할지 모르겠습니다.

진정한 어려움은 유표遊標입니다.

균형을 잡는 요령, 평온함을 위한 손잡이,

공황과 평온을 적절히 배합하는 수단,

나는 그것을 잃어버린 것 같습니다.

어쩌면 한 번도 가진 적이 없었는지도 모르겠습니다.

사람들의 말이나 나의 말을 믿어서는 안 됩니다.

하지만 나는 죽음에 대한 다른 이들의 말을 믿고 싶어졌고,

의심의 여지없이 믿었습니다.

어느 정도 시간이 흐른 후도 아닌 그 즉시에 말입니다.

나는 침착하지도, 평온하지도,

안정되지도, 안심하지도 않았습니다.

이 모든 것 중 어느 하나도 유지하지 못했습니다.

오히려 그 반대였습니다.

정반대로 중심을 잃어버린 채 당황하고,

모든 것을 박탈당한 듯이 궁핍해지고,

충격을 버티지도, 감정을 추스르지도 못하고 있습니다.

논쟁을 말리지 못하고, 안정적이고 일관되고

통합되고 부드러운 상태를 유지할 수 없습니다.

나는 비틀거리고 수척해집니다.

논점에서 벗어나 수렁에 빠진 듯 숨을 쉬지 못하고,

공황상태에서 어찌할 바를 모르고 미쳐가고 있으며,

숨이 차서 헉헉거리고, 방향을 잃고,

영혼과 현실감과 식욕과 몸무게, 맥락을 잃어버렸습니다.

그 상태에서도 이렇게 스스로 글을 쓰고 있다는 것이

이상하게 느껴집니다.

나의 의지와는 관계없이 단어들이

저절로 쓰여지고 있는 것 같습니다.

내가 거의 인식하지 못하는 사이에 그렇게 되고 있습니다.

결정을 내리는 사람도, 선택하고 지시하는 사람도

내가 아닙니다. 사실상 그렇게 되어버렸습니다.

그것은 거의 평온의 시작과 같을 겁니다.

그 과정을 따라가는 것,

내가 위조하지 않고 스스로 만들어진 이 일련의 문장들,

온전히 스스로 시작되어 스스로 끝난 것들,

그것을 보니 안심이 되기 시작합니다.

그렇습니다. 안심할 수 있습니다.

* * * * * * *

내가 단지 5분밖에 더 살지 못한다면,

나는 절대로 성직자들을 부르지 않을 겁니다.

어떤 사제도, 목사도, 랍비도, 이맘[22]도, 라마승도, 구루도,

심지어는 의사도 부르지 않겠습니다.

만일의 경우 진통제를 요청하느라

의사를 부를 수는 있을 겁니다.

_____

22 이슬람교단 조직의 지도자를 가리키는 하나의 직명

나는 사제들의 중재나 그들이 주장하는

어떤 힘도 믿지 않습니다.

그래서 나는 사후도, 어떤 다른 삶도 없다고 가정하며,

영원히 사라질 준비를 할 겁니다.

나는 아무것도 모르며, 오직 나의 무지를 알고 있습니다.

나는 나의 생각과 추측을 말하고 있을 뿐입니다.

정답이나 내 생각에 대한 근거를 제시하지 못한다는 것을

나는 알고 있습니다.

죽음이 나의 신념과 전혀 다른 모습이라면

나는 곧 놀라게 되겠지요.

나는 아무것도 두렵지 않습니다.

심판이나 형벌에 대한 두려움도 없습니다.

어떤 보상을 바라지도 않습니다.

두려움이 없는 것과 마찬가지로 희망도 없다고 생각합니다.

그 순간 정직해져야 합니다.

당장 그렇게 해야 합니다.

내가 할 수 있는 한 가장 정직해져야 합니다.

죽음의 순간에, 자신의 의지로 모든 것을 통제할 수 있으며,

죽음에 완강하게 저항하거나 두려움에 떨지 않고,

도움을 요청하지 않을 거라고 주장하는 사람은

거짓말을 하고 있는 겁니다.

나는 다른 사람에게는 물론이고

나 자신에게도 거짓말을 하고 싶지 않습니다.

* * * * * * *

사람이란 언제나 다른 사람에게 말을 건네기 마련이고,

그래서 나 또한 마지막 순간에 가까운 사람들에게

낮은 목소리로 말할 겁니다.

그들에게 각각에게 몇 마디를 하겠지요.

아내에게는 그 무엇보다, 그녀가 알고 있는 것보다 훨씬 더

그녀를 사랑한다고 말할 것입니다.

딸에게는 내가 아주 자랑스러워하며,

그렇게 자라주어서 고맙다고 말할 것입니다.

여동생에는 우리의 길이 서로 갈라져서 멀어졌을 때조차도

우리는 항상 공범자였다고 말할 것입니다.

부모님에게는 나를 자유롭게 하는 방법을 알고 계셨고,

덕분에 나는 완벽한 자유를 누렸다고 말씀드릴 겁니다.

폴에게는 형제가 없던 나에게

그가 바로 나의 형제였다고 말할 것입니다.

크리스티앙에게는 너무 일찍, 하지만 의연하게

세상을 떠나버렸다고 말할 것입니다.

몇몇 사람들에게는 조용히 웅얼거리며

은밀한 부드러움을 전달할 것입니다.

이 세상에 있든 없든, 가장 가까이에서

나의 인생을 함께해준 이들에게 이야기를 하겠지만,

신에게는 어떤 말도 하지 않을 겁니다.

가까웠던 이들에게 말을 건넨 후에

나는 글이라는 마법을 통해

이미 태어났거나 태어날 모든 사람들에게,

내가 죽은 후에도 이 문장들을 읽을 사람들에게

말하려고 노력할 것입니다.

인생이란 풍성하게 넘쳐흐르는 것,

영원히 범람하는 것이라고 말할 겁니다.

인생은 다양하고 예측할 수 없으며,

두드러지고, 결코 부족하지 않다고 말할 겁니다.

지치고, 황폐해지고, 소모된 것처럼 느껴질 때

삶은 스스로 다시 에너지를 채워나갈 거라고 말할 겁니다.

삶은 알지 못하는 사이에

언제나 선택되고, 보존되고, 찾아지고, 암중모색하며,

잘못되고, 파괴적이고, 느려지는 모든 것에

맞선다고 말해줄 겁니다.

다행스럽게도 우리가 따르고 적용하기에 만족할 만한,

손댈 수 없이 확고부동한 비결이나 계율,

규칙 같은 건 없다고 말해줄 겁니다.

나는 그들에게 삶이란 불확실성의 모호함과

투쟁의 안개 속에서 돌발변수들이 튀어나오는 것이며,

각자가 그에 대처하는 법을 발명하고, 만들어내고,

결정하고, 추측해야 한다고 말해줄 겁니다.

나에게 남은 시간이 몇 초밖에 없다면,

내가 중요하게 여기는 것을 어느 정도 말하고,

불필요한 찌꺼기와 독기를 싹 쓸어버린 다음,

문장을 정리하고 경험과 생각을 압축해서,

깨지기 쉽고 불확실하고 우스꽝스럽지만,

신뢰가 가는 법칙의 파편들을 구성할 겁니다.

그러나 여전히 다른 사람들에게

자기 나름대로 정리를 하고, 주석을 달고,

계속 움직일 여지를 남길 겁니다.

그러고 나면 나는 거의 마지막에 도달해 있을 것입니다.

* * * * * * *

나에게는 나의 부고를 쓸 시간이 남아 있지 않을 것이고,

신문을 믿지 못한 걸 후회합니다.

그러나 나는 아직 나의 묘비명을 쓸 수 있습니다.

그 묘비명이 내가 인생에서 이룬 일에 합당하기를 바랍니다.

우연의 와중에 자신의 길을 개척하는 법을,

자신의 직관을 가지고 즐기는 법을,

돌발적인 변수들을 교리로,

그리고 난처한 일들을 근원으로 바꾸는 법을 알았던,

어느 남자의 인생에 대해 말할 수 있기를 바랍니다.

숨겨진 오랜 세월 동안 자연의 몇몇 작품을 발견하고,

거기에서 신선하고 독특하며 달콤한 맛을 찾아내며,

언제나 행복한 뜻밖의 선물을 받았던,

어느 남자의 인생에 대해 말할 수 있기를 바랍니다.

그래서 그 사람을 생각하며 이렇게 말할 겁니다.

"그 사람은 멜론 고르는 법을 알았어."

나는 이 말이 불쾌하지 않을 것 같습니다.

○

어떻게 살아야 할지
안다는 것

어떻게 살아야 할지 안다는 것

이 질문은 매우 복잡해 보입니다.

나는 오랫동안 이 질문이 실제로 복잡하다고 믿었습니다.

지금은 그렇지 않다고 생각합니다.

오히려 아주 단순하다고 생각하게 되었습니다.

그 해답은 추론하거나, 심사숙고하여 구상하거나,

오랜 작업 끝에 발견할 수 있는 것이 아닙니다.

무엇이 좋은 것인지 아는 것,

다른 사람들을 어떻게 대해야 하는지 아는 것,

이런 것들은 궁극적으로는 어떤 성찰이나

어떤 생각에 의존하지 않습니다.

이런 대답들은 민감하지만 확실하고,

격한 감정처럼 강한 인상을 줍니다,

하늘의 색깔만큼,

강하게 부는 바람과 뜨거운 불만큼 현실적입니다.

그렇게 있는 그대로를 받아들이는 데

나는 오랜 시간이 걸렸습니다,

이성적으로 이해해야 할 것은 아무것도 없으며,

모든 것을 느끼기만 하면 된다는 걸 알아채는 데

정말 오래 걸렸습니다,

그리스인들이 우리 귀에 못이 박히도록 말하고,

소크라테스가 거기에 앞장서고,

다른 모든 사람들이 따랐던 미덕은 증명할 수 없습니다.

추론하거나 연역해낼 수 있는 것이 아닙니다.

그것은 항상 내부에서 제기되고, 실험되고, 느껴집니다.

덕(성)은 항상 인정받고, 경험할 수 있으며,

생각만으로 내면에서 느끼게 됩니다,

우리는 그것을 이성의 문제라고,

연역적 추론을 통해 나온 결론이라고 믿고 있습니다.

하지만 그것은 오히려 숨을 쉬고, 먹고, 바라보고,

말하자면 살아 있는 짐승과 아주 유사한 출발점입니다.

인간에게 산다는 것은 동물과는 다르게 구조화된

유기적 세계를 의미합니다.

이런 육체적인 여건 안에서 타자는

자신의 자리, 자신의 존재를 갖습니다.

다른 사람과의 거리는 그것만의 중요성을 가집니다.

그러나 결코 오랫동안 숙고한 끝에 결정되거나,

계약되거나, 만들어진 것은 없습니다.

나는 냉혹하게 인간을 죽이고, 폭력을 행사하고, 모욕하고,

그를 약탈하는 행동은 결코 할 수 없다고 생각하며,

앞으로도 그럴 겁니다.

비록 내가할 수 있을지라도

육체의 온전함을 파괴하고, 영혼을 학살하고,

신뢰를 배반하는 건 하고 싶지 않습니다.

만약 어떤 생각과 어떤 원칙과 어떤 결정의 이름으로

내가 그런 행동을 하지 않으려고 하는지 파악하려 한다면,

그 대답의 정당성은 나를 피해 도망가고

나를 접근하지 못하게 할 겁니다.

그것은 자명합니다.

그 자체가 표식입니다.

태양의 빛이, 밤의 고요함이,

반박할 수도 없이 생명을 불어넣었습니다.

자명함은 그만큼 강하고,

그만큼 정당화할 수 없는 방법으로 강요됩니다.

감사의 말

나의 동반자인 모니카 아트랑에게

감사의 말을 전한다.

그녀는 수많은 이유와 이성의 부재,

그리고 처세술에 대한 많은 교훈을 주었다.

미셸 바조는 원고의 일부를 입력하는 과정에서

효율적으로 업무 처리를 해주었다.

그에게도 감사의 인사를 보낸다.

나의 편집자이자 친구인 베르나르 고트립은

언제나 원고에 주의를 기울이며 조언과

변함 없는 신뢰를 주었다.

이 점에에 깊이 감사한다.

옮긴이 최린

고려대학교 독어독문학과 졸업 후 뜻하지 않은 계기로 프랑스에서 오랜 기간 유학 생활을 했다. 파리 10대학 에서 지정학DEA(박사준비과정) 학위를 받았으며 마른라발레대학 유럽연합연구소에서 박사과정을 수료했다. 귀국 후 번역을 하며 출판사에 발을 들여놓게 되었고 기획과 편집, 번역을 하며 지금까지 출판에 관련된 일을 하고 있다. 인문과 심리, 마음을 치유하는 도서들, 지리에 관심이 많다.

옮긴 책으로 『에크하르트 톨레의 이 순간의 나』, 『리얼 노르딕 리빙』, 『프랑스 엄마 수업』, 『매일 조금씩 자신감 수업』, 『당신의 무기는 무엇인가』, 『지정학: 지금 세계에 무슨 일이 벌어지고 있는가?』 등이 있다.

내게 남은 삶이 한 시간뿐이라면

초판 1쇄 발행 2021년 11월 15일

지은이 로제 폴 드루아
펴낸이 정덕식, 김재현
펴낸곳 (주)센시오

출판등록 2009년 10월 14일 제300-2009-126호
주소 서울특별시 마포구 성암로 189, 1711호
전화 02-734-0981
팩스 02-333-0081
메일 sensio@sensiobook.com

기획·편집 심보경, 백상웅
외부편집 오순아
경영지원 김미라
디자인 Design IF

ISBN 979-11-6657-044-5 03100

소중한 원고를 기다립니다. sensio@sensiobook.com